めざせ！ことば名人

ことわざ

使い方90連発！

1

監修 森山卓郎（早稲田大学教授）

まんがイラスト 徳永明子

ことわざってどんなもの？

ことわざとは、昔から使われてきた、くらしに役立つ知恵や教えなどを短いことばで表したものです。昔の人のけいけんから伝えられてきたことわざは、今の生活のヒントになるものがいっぱいあります。

気持ちや状況をひと言で表すことができて便利なうえ、言葉のリズムがいいものが多いので、会話に取り入れるといっそう楽しくなります。

ことわざには、知恵や真理を伝えるもの、大切な考えを伝えるもの、ものごとを批判するもの、ことば遊びのように表現を楽しむものなどがあります。

ことわざを遊んで覚えた「いろはかるた」

江戸時代、ことわざを楽しく覚えられるように四十八枚のかるたにしたのが「いろはかるた」です。上方（今の大阪や京都）や江戸（今の東京）などで作られました。この本の解説に出てくるのは江戸のものです。

この本の使い方

この本では、ことわざをひとつずつ取り上げて、意味や使い方を紹介しているよ。

どんな気持ちのとき、どんな場面で使えることばかがわかるよ。

ことばの使い方がまんがでわかるよ。

似た意味のことば、反対の意味のことば、同じ字が出てくることばなどを紹介しているよ。ことわざや四字熟語、格言などいろいろなことばが出てくるよ。

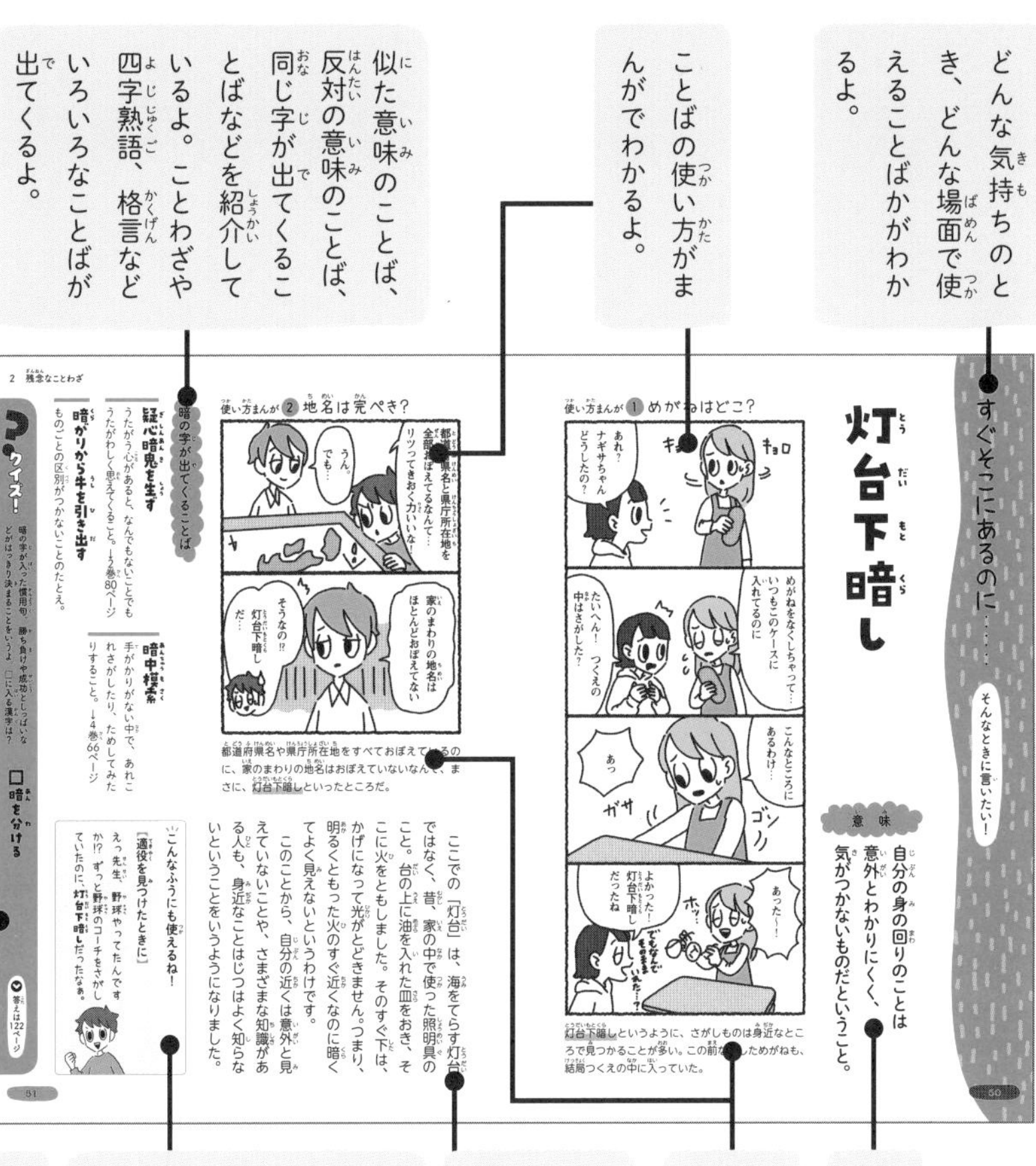

ことばの意味だよ。

ことばを使った文章の例だよ。

ことばの由来や使い方の注意点などを解説しているよ。

ことばを使える場面を紹介するコラム。この本では、まんがやこのコラムを合わせて九十以上の使い方の例を紹介しているよ。

ことばにまつわるクイズだよ。

「ことわざカード」を作ってみよう！

この本で知ったことわざの意味や使い方をカードにまとめてみよう。カードのひな形がこの本のさいごにあるよ。書き方は116ページを参考にしよう。

ことわざ
急がば回れ

意味
急ぐときこそ確実なやり方をとったほうがうまくいく。

使い方
急いでいたので水たまりをジャンプしたら、くつがびしょぬれになった。くつをはきかえに帰ったら、ちこくしてしまった。急がば回れで、水たまりはよけて歩けばよかった。

もくじ

1 がんばろう！ 背中をおしてくれることわざ

2 残念なことわざ

トホホ……

3 気が楽になることわざ

なんとかなるさ！

4 いきもののことわざ

動物も虫も妖怪も？

5 食べもののことわざ おなかがなりそう!?

この本の登場人物

この本の四人の登場人物を紹介するよ！

コトハ

明るく元気いっぱいな、クラスのムードメーカー。しっかりものの妹がいる。手芸や絵をかくことがとくい。

チアキ

スポーツ（とくに野球）が大すき。ときどき調子にのっておこられる。家のお手伝いをよくしていて、料理がとくい。姉と妹がいる。

リツ

ゲームがとくいで、プロゲーマーになりたいと思っている。いつも冷静。感情が顔に出にくいのがなやみ。姉がいる。

ナギサ

読書が大すき。ひっこみ思案な性格だけど、友だち思い。ハムスターをかっている。ちょっぴり天然な一面も。

がんばろう！

1 背中をおしてくれることわざ

新しいチャレンジをするとき、
苦手を克服するとき、
ポンと背中をおしてくれる
ことわざがあるよ！

根気強くやってみよう！

そんなときに言いたい！

石の上にも三年

意味

がまん強く努力すれば、かならずむくわれる。

使い方まんが 1 二重とび

苦手だった二重とびを毎日コツコツ練習していたら、1か月後にはできるようになった！　妹が「石の上にも三年ってことだね」とほめてくれた。

使い方まんが ② けいぞくはむずかしい？

毎日自主学習をつづけるのはたいへん。弱音をはいてしまったとき、石の上にも三年だと友だちにはげまされた。

ここでいう「三年」とは、じゅうぶんに長い期間のたとえです。時間をかけて努力しつづけることの大切さを表しています。江戸時代は「石の上にも三年いればあたたまる」といいましたが、今は後半がはぶかれて使われます。

つめたい石の上でも、ずっとすわっていればあたたまるように、つづけていればいつかむくわれる日が来ると、人をはげますときに使うことわざです。

似た意味のことば

ちりもつもれば山となる

→26ページ

けいぞくは力なり

小さなことでもつづけていくことが成功につながる。

雨だれ石をうがつ

小さなことでも根気よくつづけていれば、大きなせいかにつながるということ。→2巻10ページ

石の字が出てくることば

石橋をたたいてわたる

→12ページ

焼け石に水

→56ページ

？クイズ！

年数が入ったことわざ。□に入る漢数字はそれぞれ何？

ももくり□年かき□年

答えは122ページ

気をつけて進むぞ

そんなときに言いたい！

石橋をたたいてわたる

意味

とても用心深くものごとを行うこと。

使い方まんが 1 めざせ100点！

いつも100点をとっている友だちにコツをたずねると、石橋をたたいてわたるようにしっかり見直し、うっかりミスをなくすことだと言われた。

使い方まんが ② 石橋たたきすぎ注意

わすれものしたらどうしよう…。あと10回は見直さないと！

もうちこくよ！石橋をたたいてわたるにもほどがあるわよ…

わすれものをしないように、何度も持ちものを見直したらちこくしそうになってしまった。「石橋をたたいてわたるにもほどがある」とあきれられた。

かたくてじょうぶそうな、石でできた橋でも、安全をたしかめてからわたるすがたにたとえて、用心を重ねた行動をとるようすを表すことわざです。

しんちょうすぎたり、おくびょうすぎたりする人に対する皮肉として使われることもあります。また、用心したにもかかわらず、結局実行しないことに対して「石橋をたたいてもわたらない」という言い方をすることもあります。

似た意味のことば

転ばぬ先のつえ

→20ページ

浅い川も深くわたれ

かんたんそうなことでも油断せず、用心して行えということ。

念には念を入れる

注意したうえにも、さらに注意すること。

昔は木でできた橋が多かったから、石の橋はじょうぶなものの例にされたんだね

？クイズ！

たたく動作が入ったことわざ。だれでもさがせば欠点が見つかるという意味だよ。□に入ることばは？

たたけば□□□が出る（ひらがなで）

答えは122ページ

あわてず慎重に行こうよ

そんなときに言いたい！

急がば回れ

使い方まんが 1 妹のこいの作戦は

すきな人がいるという妹に告白をすすめたら、急がば回れだと言い返されてしまった。ゆっくり心のきょりをちぢめる作戦でいくようだ。

意味

急ぐときこそ確実なやり方をとったほうがうまくいく。

使い方まんが 2 どの道を選ぶ?

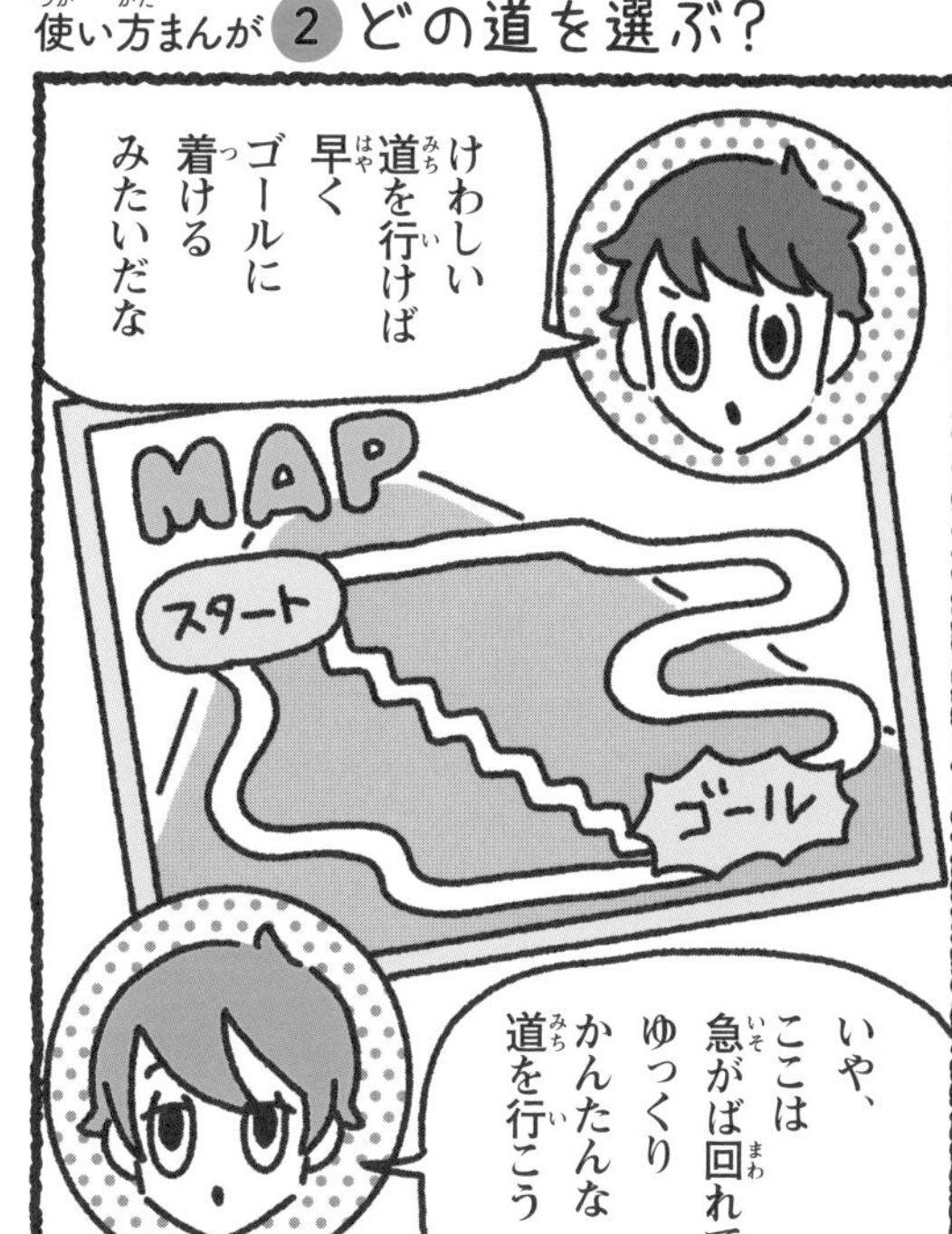

早くゴールに着けるけど困難な道と、時間がかかるけどかんたんな道がある。急がば回れで、遠回りだけどかんたんな道を行くことにした。

急ぐときは、つい近道をしたくなります。しかし、そこには思わぬきけんがあるかもしれません。また、あわてるあまり、そのきけんに気づかずに事故をおこしてしまうこともあります。少し遠くても、安心安全な道を行ったほうが、結局は早く目的地に着くことになる、人生もそれと同じだという教えです。

このことわざは「武士の矢橋の船は速けれど急がば回れ瀬田の長橋」という、室町時代の歌がもとともいわれています。ここでいう「船」は、川や湖などを行き来して荷物を運ぶ渡し船のこと。当時、目的地の京都に行くには矢橋から船で行くと早かったけれど、きけんな航路だったため、遠回りでも瀬田の唐橋を通って行くのが安全だ、とうたった歌です。

反対の意味のことば

善は急げ

→22ページ

鉄はあついうちに打て

何ごとも、よいと思ったときにすぐに手を打ったほうがよい。

思い立ったが吉日

何かしようと決意したら、すぐに取りかかるのがよいということ。

? クイズ!

回るということばが入った慣用句。とてもいそがしいという意味だよ。□に入ることばは?

□が回る

答えは122ページ

目立たなくてもがんばろう!

そんなときに言いたい!

えんの下の力もち

意味

人知れずほかの人をささえたり、苦労したりすること。また、そのような人。

使い方まんが 1 ベンチでも全力さ!

今日の試合では、目立った活躍はできなかったけど、声出しを一生けん命がんばった。すると、かんとくから、えんの下の力もちだとほめられた。

使い方まんが② 学芸会

今年の学芸会、わたしはまさかの木の役でぜんぜん目立たない…！

だけどえんの下の力もちとして世界観をかんぺきにつくりあげる！

学芸会のげきで木の役をやることになった。ぜんぜん目立たないけど、えんの下の力もちとしてせいいっぱいがんばろう。

「えん」とは、家の外がわにつくられた板ばりのろうかである「えんがわ」のこと。その下には家のゆかをささえる柱があります。そのことから、表には出ないけれど、人のために苦労や努力をする、なくてはならない人のことを表します。

昔は「えんの下のまい」といって、他人のために努力してもむくわれないことを表したそうです。けれど、今では人のがんばりをたたえる意味で使われることのほうが多くなりました。

えんの下が出てくることば

えんの下のくわ使い

自由がきかずきゅうくつで、力を十分にはっきできないこと。よくはたらけないこと。くわとは、畑などをたがやす道具のこと。

えんの下のたけのこ

高い地位につくことができないこと。えんの下にはえたたけのこは、頭がつかえて、上にのびることができないことからうまれたことば。

こんなふうにも使えるね！

【お礼の手紙に】

ナギサちゃんが**えんの下の力もち**になってくれたおかげで、クラスがひとつにまとまったよ。

？クイズ！

力の字が入った慣用句「力を□□」。手助けをするという意味だよ。□に入るのはどちら？

A 貸す

B 渡す

答えは122ページ

おにに金棒

そんなときに言いたい！

使い方まんが あの選手が…!?

去年優勝したあのチームに日本の代表選手が入ったらしい！
え〜〜〜！おにに金棒じゃないか！

去年大会で優勝した強豪の野球チームに、12歳以下の日本代表でもある選手が加入したらしい。これではおにに金棒だ。

意味

強い者が何かを得て、さらに強くなること。

おには何も持たなくても強いもの。武器の金棒を持ったら、さらに強くなって、手がつけられなくなります。そのように、ただでさえ強い者が、自分にふさわしいもので、よりいっそう強さがきわだつことのたとえとして使われることばです。

おにが出てくることば

おにの目にもなみだ
おにのようになさけしらずの人でも、時にはやさしくなみだを流すこともある。

おにのいぬ間にせんたく
こわい人や遠慮する人がいないすきに、のびのびとくつろぐこと。

気をぬくな！

そんなときに言いたい！

勝ってかぶとの緒をしめよ

使い方まんが　よろこびもつかの間

この前の野球の試合はオレの大活躍でみごと勝利したんだ！オレってやっぱり天才だったんだな～
へ…
勝ってかぶとの緒をしめよ、だよ。油断しないで練習がんばって

自分の活躍で試合に勝ったと友だちに自慢したら、「勝ってかぶとの緒をしめよ、だよ」と、くぎをさされてしまった。

意味

成功したあとも気をゆるめず、さらに気を引きしめろということ。

かぶととは、たたかいのときに、武士が頭を守るためにかぶったもの。そのかぶとをあごにとめるためのひもが、「緒」です。たたかいに勝っても油断せず、いつ反撃がきてもいいように、ゆるんだ緒はしめ直しておけということからきたことばです。

似た意味のことば

油断大敵

油断はしっぱいをまねく原因になる、おそろしい敵である。

↓4巻42ページ

そんなときに言いたい！

転ばぬ先のつえ

意味

しっぱいにそなえて、あらかじめ手を打っておくこと。

「先」は、その少し前の時間という意味で使われています。転ぶ前につえをそなえておくべき、ということで、用心して手を打っておくことをたとえています。うっかりミスやしっぱいをしないように、あらかじめ気をつけて行動するようにと、注意をうながすときに使うことわざです。

似た意味のことば

そなえあればうれいなし

ふだんから十分なじゅんびをしていれば、いざというときに心配がいらない。↓2巻24ページ

使い方まんが　天気予報

今日は雨がふる地域もあるでしょう

いつ雨がふってもいいようにかさをさして来たの

転ばぬ先のつえ。大事だね！でもさすがにまだ早いかも…

いつ雨がふってもいいようにと、晴れているのにかさをさしている友だち。転ばぬ先のつえは大事だけど、さすがにさしておかなくても……。

転んでもただでは起きぬ

使い方まんが 転んだかいあって…

ハヤトくんの前で転んではずかしかったんだけど
そのあと保健室につきそってもらっていっぱいお話しちゃった♡
アヤノちゃんさすが！転んでもただでは起きぬだね…！

すきな人の前で転んでしまった妹は、それをきっかけに相手となかよくなったそうだ。転んでもただでは起きない性格の妹らしい。

意味

たとえしっぱいしても、そこから何かとくになることを見つけ出すこと。

転んでも、そこにある何かをつかみとって起き上がることからきています。しっぱいしても、何かとくをしようとする、ぬけ目のなさ、ようりょうのよさ、よくの深さを皮肉をこめていうことがあります。一方、苦しい状況でもあきらめない、根性のあるようすをいうこともあります。

似た意味のことば

たおれても土をつかむ

どんな場合でも、利益を見つけ出そうとすること。

やるなら今でしょ！

そんなときに言いたい！

善は急げ

使い方まんが 1 読書のおとも

本を読んでいると、むずかしいことばが出てきた。善は急げだと、すぐに国語じてんを開いて意味を調べてみた。

意味

よいと思ったことはためらわずにやったほうがよい。

使い方まんが 2 急ぎすぎ

うでと足のトレーニングを一度にためそうとしたら、注意されてしまった。善は急げというが、なんでもかんでも始めるのはよくないようだ。

「善」とは、よい行いのこと。よいと思ったことはためらわずに、すぐに行動にうつすべきということです。

「善は急げ、悪は延べよ」とつづけることもあります。「悪は延べよ」は、悪いことは状況が変わってしなくてもよくなることもあるから、あと回しにしなさいという意味です。

人はだれでも、なまけたい、楽なことをしたい、という気持ちをもっています。よい行いをするには、そうした弱い心に打ち勝たねばなりません。ぐずぐずしていると、楽なことににげたり、やる気がなくなったりしがちです。

幸せになるには、よい行いを急がなければならない、よい行いをさまたげるものは先延ばししなさいという教えです。

似た意味のことば

思い立ったが吉日

何かしようと決意したら、すぐに取りかかるのがよいということ。

反対の意味のことば

急がば回れ

→14ページ

急いてはことをしそんじる

何ごとも、急いでいるときほど落ち着いて行動せよという教え。

クイズ！

善と反対の意味の、同じ漢字が入るふたつのことばだよ。□に入る漢字は？

□銭身につかず

□事千里を走る

答えは122ページ

使い方まんが 1 クリアするまであきらめない！

ゲーム中、手強い敵とのたたかいで、何度もやられてしまった。だけどぼくたちのチームは、七転び八起きの精神でたたかいにいどみつづけた。

七転び八起き

何度だって立ち上がる！

そんなときに言いたい！

意味

①何度しっぱいしてもくじけず、立ち上がってがんばろうとすること。

②うきしずみがはげしいこと。

使い方まんが 2 何度フラれても…

おじいちゃんはわかいころ、何度もおばあちゃんにフラれたそうだ。七転び八起きでアタックをつづけ、ようやくハートをいとめたらしい。

「人生には、よいこともあれば、うまくいかないこともある。しっぱいしてもくじけずに、何度でもちょうせんしよう」と、はげますときによく使われます。

由来にはいくつかの説があり、なかには、たおれてもすぐに起き上がる、だるまに由来するという説もあります。だるまのモデルは、禅宗をひらき日本に伝えたといわれる、中国の僧の達磨大師です。

ことわざに出てくる七と八という数は、具体的な回数ではなく、回数が多いことを表しています。

七回転んだら起き上がるのも七回ではと思うかもしれません。これについては、人が生まれたときに起き上がるところから数えているためであるとする考え方もあります。

七の字が出てくることば

人のうわさも七十五日
→74ページ

七転八倒
大きないたみや苦しさに転げまわったり、もがいたりすること。→4巻106ページ

なくて七くせ
人にはそれぞれくせがあって当然なので、あまり気にすることはない。

?クイズ!

七の字が入ったことば。親の強い力のおかげで子どもがとくをするという意味だよ。正しいのはどっち?

A 七輝き
B 七光

答えは122ページ

小さなことをひとつひとつ

そんなときに言いたい！

ちりもつもれば山となる

意味

わずかなものでも、つみ重なれば大きなものになるように、小さな努力のつみ重ねが大きなせいかにつながる。

使い方まんが 1 とどけ！この気持ち

大すきな海外の作家さんに手紙を書くため毎日少しずつ英語の勉強を始めた。ちりもつもれば山となるもので、１年後には英語で手紙を書けるようになった。

使い方まんが 2 サボりがつもって…

ちょっとしたサボりでも、ちりもつもれば山となるものだ。あの子は、いずれほかの選手と大きく差が開き、今日サボったことを後悔するにちがいない。

「ちり」とは、ほこりなどのようにとても小さなもののこと。とても小さなものでも、つみ重なれば山のように大きくなります。そのことから、小さな努力でもつづけていれば、大きなせいかにつながることをいっていることわざです。

毎日コツコツとがんばる人をはげましたり、大きな目標に立ち向かわなければならない自分をふるい立たせたりするときに使いたいことわざですね。

似た意味のことば

石の上にも三年

→10ページ

雨だれ石をうがつ

小さなことでも根気よくつづけていれば、大きなせいかにつながるということ。→2巻10ページ

山の字が出てくることば

あとは野となれ山となれ

今がよければ、あとはどうなってもかまわないということ。

枯れ木も山のにぎわい

つまらないものでも、ないよりはましだということ。

他山の石

よその人のしっぱいやつまらない言動が、自分をみがく参考になるということ。

クイズ！

似た意味をもつ外国のことわざ。□に入る都市の名前は？

□□□は一日にしてならず（カタカナで）

答えは122ページ

いろいろな文化を知りたい！

そんなときに言いたい！

所かわれば品かわる

使い方まんが 1 ピースサイン

日本ではおなじみのピースサインも、ギリシャでは相手をぶじょくする意味になることがあるらしい。所かわれば品かわるということだ。

意味

土地がかわれば、当たり前に思っている文化や習慣がちがってくる。

使い方まんが 2 スプーンいろいろ

スープを飲むときに使う道具にも、国や地域によっていろいろなものがある。まさに所かわれば品かわるだ。

ここでいう「品」は、ものや使い方、習慣のこと。同じものでも、別の地域では名前や使い方がちがっていたり、生活習慣などがちがっていたりすることを表します。似た表現で「所かわれば水かわる」があります。また、「難波の葦は伊勢の浜荻」という、同じ植物でも、難波（今の大阪府）では葦、伊勢（今の三重県）では浜荻と、よび名がちがうことをいうことわざもあります。

反対の意味のことば

どこのからすも黒い

場所がかわったからといって、人やものごとの本質はかわらないということ。

品の字が出てくることば

手をかえ品をかえ

あの手この手といろいろなやり方をためしてみること。

品行方正

行いがきちんとしていて正しいこと。

天下一品

世界中でただひとつしかないほど、すばらしいもの。すぐれていること。

クイズ！

所の字が入った四字熟語。性格や能力に適した場所や役割をあたえるという意味だよ。□に入る漢字は？

適□適所

答えは122ページ

このつらさもきっとあとで役に立つはず

そんなときに言いたい！

若いときの苦労は買ってでもせよ

意味

若いときにする苦労は、きちょうなけいけんになるので進んでしたほうがよい。

使い方まんが 1 あのときのスケッチが

植物の成長記録は写真をはれたら楽なんだけど…

でもカメラは買ってもらえないし…

ぐっ…

こうなったら自分でかくしかない！

15年後
あのとき苦労して絵にかきとったおかげで植物のおもしろさを知ることができた！若いときの苦労は買ってでもせよってことだな！


若いときの苦労は買ってでもせよというのは本当で、子どものころ、写真の代わりに毎日植物の絵をかいたおかげで、今では植物の研究者になった。

使い方まんが 2 自信はないけど…

げきの主役をやるプレッシャーは大きい。だけど若いときの苦労は買ってでもせよというように、何ごともけいけんだと思ってがんばろう。

ここでいう「苦労」とは、たんに苦しむことをいっているのではありません。むずかしいこと、たいへんなことに取り組むときの「努力」を意味します。

若いとき努力をして身につけたぎじゅつや実力は、将来きっと役に立ちます。また、若いときから、いやなことにも立ち向かって、最後までやり切るけいけんをしておくと、気持ちがきたえられます。ちょうせんすることにためらわなくなります。

若いころは、たとえしっぱいしてもやり直しがききます。苦労からにげて楽をするより、努力したほうがずっと自分のためになります。がんばるけいけんはお金では買えませんが、買えるものなら買いたいほど価値があるということです。

買の字が出てくることば

うらみを買う

自分の行いや発言によって、人からうらまれること。

一役買う

ひとつの役割を進んで引き受けること。また、手助けをすること。

安物買いの銭失い

安いものは品質も悪く、修理や買いかえなどで、結局そんをするということ。

クイズ！

苦の字が入った四字熟語。思い通りにいかず苦しむという意味だよ。□に入る漢数字は？

□苦八苦

答えは122ページ

実際に見てみないとわからない！

そんなときに言いたい！

百聞は一見にしかず

意味

人の話を何度も聞くより、一度でも自分の目で見たほうがたしかである。

中国の歴史書『漢書』に出てくる故事がもとになっています。皇帝から戦法をたずねられた将軍が、「ほかの人からの報告では現地のようすがわからないので、自分が実際に現地に行って戦法を考えたい」と言ったという話です。自分の目でたしかめることの大切さをといています。

似た意味のことば

論より証拠
あれこれ話し合うよりも、証拠を見せればものごとははっきりわかるということ。

使い方まんが　うわさの動物

○△動物園にすっごくへんな動物がいるんだって！
わたしはすっごくかわいいって聞いたよ
どんなふうにへんなんだ？
きになるね
百聞は一見にしかず。見に行って、自分の目でたしかめなよ

近所の動物園にはかわった動物がいるといろいろな人から聞くけれど、友だちに百聞は一見にしかずだと言われた。

いたいところをつかれた

そんなときに言いたい！

良薬は口に苦し

使い方まんが　笑顔が大切

1年生がリツのことこわがってたよ〜
ただでさえ仏頂面なんだから、もう少し笑顔でいたら？
グサ
グサ
うっ…
…わかった
きついアドバイスだけど、良薬は口に苦しっていうもんな

友だちからのアドバイスは正直きついものだった。だけど良薬は口に苦しというように、そのぶん自分のためになるにちがいない。

意味

よいちゅうこくは聞くのがつらいが、身のためになるということ。

昔の薬は、今より苦いものが多く、きき目のある薬はとくに苦くて飲みにくいものとされてきました。同じように、まわりからのちゅうこくや注意は、聞くといやな気持ちやつらい気持ちになるものですが、きちんと受け入れれば、自分のためになるという教えです。

似た意味のことば

忠言耳にさからう

ちゅうこくのことばは、聞くほうにとっては耳がいたく、すなおに受け入れづらい。

やってみよう！ことわざ線つなぎ

上のことわざに合うセリフを下から選んで線でつなごう！

答えは124ページ

① 石の上にも三年

② 急がば回れ

③ 百聞は一見にしかず

・何度聞いてもわからなかったけど、見たらすぐわかった！

・こつこつ勉強をつづけて、ついにテストで満点を取った！

・いつもバンソウコウを持っているから、けがをしても平気。

急がば回れっていうでしょ！

今はまだしゅみの話できょりをちぢめているところなの！

○△動物園にすっごくへんな動物がいるんだって！

わたしはすっごくかわいいって聞いたよ

4 七転び八起き ・　　・ 近道を使うより、少し遠いけど歩きなれた道で行こう。

5 転ばぬ先のつえ ・　　・ また試合に負けてしまったけど、何度だってチャレンジするぞ！

6 おにに金棒 ・　　・ コーチのきびしいことばに落ちこんだけど、あれからチームが強くなった。

7 良薬は口に苦し ・　　・ 人気トップのレストランに、世界一のシェフがやってきた！

かってに! ことわざランキング

コトハとリツが、かってに
ことわざをランキング!
さっそくけっかを見てみよう。

おっちょこちょいなコトハが選んだ 心にひびく ことわざベスト3

1 **しっぱいは成功のもと** 70ページ

先走ってしっぱいしちゃうことも多いけど、そんなときにこんなふうに言ってもらえたら、元気が出るな～。

2 **わらう門には福来る** 78ページ

3 **急がば回れ** 14ページ

ゲーマーのリツが選んだ あるあるな ことわざベスト3

1 **灯台下暗し** 50ページ

ゲームでも、ずっと探していた宝箱がじつはすぐそばにあった、みたいなことってよくあるよね。いつだって冷静にならないとね。

2 **かっぱの川流れ** 92ページ

3 **おにに金棒** 18ページ

2 トホホ……残念なことわざ

ちょっと残念……そんなとき、自分自身に、友だちに、ことわざでツッコミ！ もいいかもね。

もう手おくれだ……

そんなときに言いたい！

あとの祭り

意味

終わったあとに後悔してももうおそいということ。

使い方まんが　提出期限

読書感想文の提出期限をすぎてしまった。自信をもって書いた作文だっただけにくやしいが、今さらなげいてもあとの祭りだ。

タイミングにおくれて役に立たないこと、取り返しがつかないことを、祭りにたとえていったことばです。

由来については、いくつかの説があります。代表的なものが、祭りがすんだあとの「山車」はもう役に立たないということから、このことわざができたという説。山車とは、祭りのときにひかれる、さまざまな人形や花などでごうかにかざられた大きな屋台のことです。

また、京都の有名なお祭り「祇園祭」からきているという説もあります。祇園祭には前祭と後祭があり、前祭はだしものが多く、とくにはなやかといわれます。そのため、はなやかさをもとめる人は後祭に行ったのではおそい、ということです。

いずれにしても、何ごとも手おくれにならないように気をつけなさいということですね。

似た意味のことば

覆水盆に返らず

一度してしまったことは、取り返しがつかないということ。

→2巻70ページ

後悔先に立たず

すでに終わったことをいくらくやんでも取り返しがつかない。

時すでにおそし

今となっては打つ手がなく、手おくれだということ。

にぎやかな祭りが
終わったさびしさをいう
「祭りのあと」という
ことばもあるよ

クイズ！

「あと」から始まることわざ。今がよければあとはどうにでもなれという意味だよ。□に入ることばは？

あとは野となれ□となれ（漢字で）

答えは122ページ

かくしているつもりでもばればれ！

そんなときに言いたい！

頭かくして尻かくさず

意味

悪いことや欠点などの一部をかくして、すべてをかくした気になること。

鳥のきじは、敵からかくれるために、草むらに頭だけつっこみます。尾が見えていることに気づかないきじのようすに、一部をかくして全部をかくしたつもりでいることをたとえた、ばかにする言い方です。

尻が出てくることば

尻に火がつく
ものごとがさしせまって追いつめられている状態。
↓3巻18ページ

尻が重い
ものごとを始めるまでに時間がかかる。取りかかるのがおそいこと。

使い方まんが　ぬすみ食い

チカのチョコも～らい！
ゴミはかくしておこう
ゴソ
ゴソ
お兄ちゃんわたしのおやつ食べた！口にチョコついてるもん！
頭かくして尻かくさずだったか

妹のチョコをぬすみ食い。ゴミはきちんとかくしたが、口にチョコがついていてばれてしまった。頭かくして尻かくさずだった。

うわさをすればかげが差す

使い方まんが　すきな人

友だちのことを話していたら、急に本人があらわれた。うわさをすればかげが差すというのは本当だったようだ。

意味

人のうわさ話をしていると、ふしぎと本人があらわれるものだということ。

ここでいう「かげ」は「人かげ」のことで、「かげが差す」とは本人があらわれるという意味です。昔はことばには不思議な力があるとされ、だれかのことを口にすると、そのことばで当人を引きよせることがあると考えられたようです。「うわさをすればかげ」だけで使うこともあります。

うわさが出てくることば

人のうわさも七十五日

→74ページ

ちゅうとはんぱでこまった

そんなときに言いたい!

帯に短したすきに長し

意味

ものごとがちゅうとはんぱで、何の役にも立たないこと。

使い方まんが 1 おさがりの洋服

いとこのお姉さんからもらった洋服は、夏に着るには暑く、秋に着るには少しはだ寒い。帯に短したすきに長しといったところだ。

使い方まんが 2 どちらをえらぶ？

ぼくのゲームのキャラクターは**帯に短したすきに長し**で、こうげき力が高いとぼうぎょ力が足りず、ぼうぎょ力が高いとこうげき力が足りなかった。

帯は、着物やゆかたを着るときに、はだけないようにこしでむすぶもの。着物の帯の多くはおよそ四メートルから四メートル五十センチの長さです。一方たすきは、着物を着て仕事などをするとき、そでがじゃまにならないようにたくし上げておくひものことで、二メートルくらいの長さです。

つまり、たとえば三メートルのひもは、帯にするには短すぎるし、たすきにするには長すぎてどちらにも使えず、役に立ちません。このように、道具や素材がちゅうとはんぱで、目的をかなえられないことをいいます。

また、さがしている役割にふさわしい人が見つからないときにも使うことがあります。

長の字が出てくることば

長いものにはまかれろ
自分より力の強いものにはしたがっておいたほうがよいということ。

無用の長物
かえってじゃまになるくらい、役に立たないもののこと。

下手の長談義
話が下手な人にかぎって、だらだらと長い話をする。

？クイズ！

長さにまつわる慣用句。それぞれせっかちなことと、のんびりしたことをいうよ。□に入る漢字は？

□が長い　□が短い（同じ漢字が入るよ）

答えは122ページ

ないしょ話に気をつけて！

そんなときに言いたい！

かべに耳あり障子に目あり

意味

どこでだれが聞いたり見たりするかわからず、かくしごとはもれやすいということ。

使い方まんが 1 かべに妹あり!?

かべに耳あり障子に目ありで、いつどこでだれが見ているかわからない。この前も、姉のおやつをこっそりもらおうとしたら、妹に見つかってしまった。

使い方まんが 2 ギリギリセーフ

山田先生ってちょっときびしいときがあるよね。もう少しやさしくしてくれてもいいのに～

かべに耳あり障子に目ありっていうしうわさ話はよく注意して…

ヒソ

ヒソ

そっか…

先生のことをうわさしていたら、本人がろうかを通りかかった。どこにいるときも、かべに耳あり障子に目ありだということをわすれないようにしよう。

古くから日本の家は、かべと障子で仕切られていて、かべはうすく、耳を当てればとなりの部屋の会話が聞こえました。障子は、あなをあければ中のようすをのぞくことができます。そこから、かくしごとはひみつにしようとしても、もれやすいことを表すようになりました。

かくしごとを話すときは気をつけなければならない、かくしごとはするものではないと、注意をうながすことばです。

耳の字が出てくることば

馬耳東風
人の意見や注意などを気にせず、聞き流すこと。→4巻32ページ

寝耳に水
とつぜん思いがけないことが起こっておどろくこと。

馬の耳に念仏
馬にありがたい教えを聞かせても、そのありがたみはわからない。意見や忠告をしても意味がないこと。

「かべに耳」や「障子に目」だけで使うこともあるんだって！

クイズ！

体の部位が入った、三つの慣用句。共通して入る体の部位はどこ？

□が高い

□が光る

□がない（漢字で）

答えは122ページ

だれだってミスはある

そんなときに言いたい！

弘法にも筆のあやまり

意味

その道に長けた人でも、ときにはしっぱいすることがある。

使い方まんが 1 計算ミス

ここの計算まちがっているぞ

2×3=7 5

あっごめんなさい！…ん？

先生もまちがっていませんか？

なにっ

×3=7 5

弘法にも筆のあやまり。先生がまちがえちゃうくらいなんだからわたしが計算ミスするのも仕方ないよね

先生が、かんたんな計算問題をまちがえていた。**弘法にも筆のあやまり**というように、どんな人でもミスをすることがあるんだ。

使い方まんが ② 姉のしっぱい

料理がとくいな姉が、さとうとしおを入れまちがえるなんて！　まさに、弘法にも筆のあやまりといったところだ。

「弘法」とは、真言宗を開いたとされる平安時代の僧「空海」のことです。なくなってから「弘法大師」とよばれるようになりました。

空海は、書道の名人でもありました。日本には、三筆とよばれる歴史にのこる書家が三人いて、空海はそのひとりです。そんな文字を書く名人でも、ときには字を書きまちがえることもあるように、どんな名人でもときにはしっぱいすることがあるというのです。

どんな人にもしっぱいはつきものです。しっぱいしてもくよくよ気にせず、またがんばろうよ、と友だちをはげますときなどに使うといいですね。油断しないように、気を引きしめるためにもおぼえておくとよいことわざです。

似た意味のことば

かっぱの川流れ
→92ページ

さるも木から落ちる
→93ページ

筆が出てくることば

筆が立つ
文章を書くのがうまいこと。

筆を折る
文章を書くことをやめること。

？クイズ！

筆の字が入った慣用句。書かなくてもよいことまで書いてしまうという意味だよ。正しいのはどちら？

A 筆がすべる　B 筆が流れる

答えは122ページ

みんなの意見がまとまらない

そんなときに言いたい!

船頭多くして船山に上る

意味

指示する人ばかりふえても、混乱が起きて、ものごとはうまく進まないということ。

使い方まんが 1 意見がバラバラ

グループにリーダーシップがある人ばかりそろったが、みんな意見がバラバラなので、船頭多くして船山に上る状態になってしまった。

使い方まんが 2 新キャプテン

新しいキャプテンに反発しているメンバーもいるけど、副キャプテンのぼくがちがう意見を言うと船頭多くして船山に上るになってしまう。

「船頭」とは、今でいう船長のこと。たくさんの人を乗せて運ぶ船の、責任者です。また、「船山に上る」とは、本来は海や川を進むべき船が、とんでもないところに進んでしまったことをたとえています。

チームやグループを組んで活動するとき、船長のようにリーダーがひとりいて、そのリーダーを中心にみんなで協力できるとうまくいくものですね。しかし、リーダーが何人もいたらどうでしょう。リーダーたちがそれぞれに別の指示をしていたら、話はまとまりそうにありません。

チームやグループでの活動中、もしもみんながそれぞれ意見を言ってまとまらなくなってしまったとき、思い出してほしいことわざのひとつです。

船の字が出てくることば

大船に乗る

信じられるものにまかせたり、きけんなことがなくなったりして安心すること。→3巻34ページ

乗りかかった船

一度かかわった以上、とちゅうでやめるわけにはいかないということ。→3巻21ページ

?クイズ!

船の字が入った慣用句。いねむりをするようすを表すよ。正しいのはどれ?

A 船を出す
B 船をこぐ
C 船を止める

答えは122ページ

すぐそこにあるのに……

そんなときに言いたい！

灯台下暗し

意味

自分の身の回りのことは意外とわかりにくく、気がつかないものだということ。

使い方まんが 1 めがねはどこ？

灯台下暗しというように、さがしものは身近なところで見つかることが多い。この前なくしためがねも、結局つくえの中に入っていた。

使い方まんが 2 地名は完ぺき?

都道府県名と県庁所在地を全部おぼえてるなんて…リツってきおく力いいな!

うん。でも…

家のまわりの地名はほとんどおぼえてない

そうなの!?

灯台下暗しだ…

都道府県名や県庁所在地をすべておぼえているのに、家のまわりの地名はおぼえていないなんて、まさに、灯台下暗しといったところだ。

ここでの「灯台」は、海をてらす灯台ではなく、昔、家の中で使った照明具のこと。台の上に油を入れた皿をおき、そこに火をともしました。そのすぐ下は、かげになって光がとどきません。つまり、明るくともった火のすぐ近くなのに暗くてよく見えないというわけです。

このことから、自分の近くは意外と見えていないことや、さまざまな知識がある人も、身近なことはじつはよく知らないということをいうようになりました。

暗の字が出てくることば

疑心暗鬼を生ず

うたがう心があると、なんでもないことでもうたがわしく思えてくること。→2巻80ページ

暗がりから牛を引き出す

ものごとの区別がつかないことのたとえ。

暗中模索

手がかりがない中で、あれこれさがしたり、ためしてみたりすること。→4巻66ページ

こんなふうにも使えるね!

【適役を見つけたときに】

えっ先生、野球やってたんですか!? ずっと野球のコーチをさがしていたのに、**灯台下暗し**だったなぁ。

?クイズ!

暗の字が入った慣用句。勝ち負けや成功としっぱいなどがはっきり決まることをいうよ。□に入る漢字は?

□暗を分ける

答えは122ページ

正直、どれも同レベル……

そんなときに言いたい！

どんぐりの背くらべ

意味

どれも似たようなもので、目立つものがないこと。ぱっとしない者どうしがあらそっていること。

使い方まんが 1 ブックトーク大会

ブックトーク大会に出場するクラスの代表を決めたいと思います

オレやりたい

チアキよりわたしのほうが本読んでるよ

オレ今も図書館で1冊借りてんだ

わたしだって先月は1冊半読んだもん

オレだって電子書籍で2冊読んだよ

いやいやオレのほうが…

正直どんぐりの背くらべだな…

じゃあ代表は毎月10冊以上本を読んでいるナギサさんで

ガーン

ブックトーク大会の出場者を決めることになった。出場したい友だちは読んだ本の冊数をきそっているけど、正直どんぐりの背くらべな気がする。

使い方まんが 2 手作りのマスコット

手作りのマスコットをコンクールに出すので、妹にどれがいいかと聞いたら、どんぐりの背くらべだと言われてしまった。

似た意味のことば

五十歩百歩
たいしたちがいがなく、似たようなものだということ。→2巻64ページ

大同小異
こまかなちがいはあっても、全体としてはかわらないこと。→4巻57ページ

似たり寄ったり
たがいに優劣やちがいがほとんどないこと。

ブナのなかまの木の実のことを「どんぐり」といいます。シイ、カシ、コナラ、クヌギなど、日本で見られるどんぐりは、全部で二十種類以上あります。

どんぐりは木の種類によって形や大きさがちがいますが、同じ木にできるものはどれも同じような形で、大きさもあまりかわりません。そのように区別しづらい、同じ木のどんぐりのことをいっています。ぬきん出たものがいないところできそい合うことを「どんぐりの背くらべ」のようだとたとえているのです。

ちなみに、反対の意味をもつのが「月とすっぽん」です。どちらも丸く形は似ているけれど、価値がまったくちがうものだということ。ふたつのちがいが、とても大きいことのたとえとして使われます。

？クイズ！

背の字が入った慣用句。怖くてぞっとするようすをいうよ。正しいのはどちら？

A 背筋がかゆくなる

B 背筋が寒くなる

答えは122ページ

わざわざめんどうごとにまきこまれるなんて

そんなときに言いたい！

飛んで火に入る夏の虫

使い方まんが　早く帰れると思ったら

ガラッ

今日は野球の練習がないから早く帰れるぞ〜

あ、チアキ いいところに！ そうじ手伝って！

ハイ…

しまった… 飛んで火に入る夏の虫になっちゃった

早く家に帰ろうと教室のドアをあけると、そうじをしていた友だちに「手伝って」と言われてしまった。飛んで火に入る夏の虫になった気分だ。

意味

きけんと気づかず、または自らすすんでわざわいに飛びこんでいくこと。

虫は、夜の明かりに集まってくるせいしつがあります。夏の夜、たき火などに虫が飛んできて入り、やけ死んでしまうようすから生まれたことばです。ここでは「火」はきけんやわざわいのたとえで、虫は「人」を意味します。自分からすすんであぶない状況やたいへんなところに飛びこんでいくことをたとえています。

虫が出てくることば

一寸の虫にも五分の魂

→86ページ

のれんにうでおし

意味

まるで手ごたえがなく
ひょうしぬけすること。

のれんとは、店の入り口に下がっている布で、日よけと看板をかねたものです。のれんを力いっぱいおしても、スカッと向こうがわにいってしまいますね。そこから、力を入れてもまったく手ごたえがなく、はり合いがないようすを表すようになりました。また、うでおしは、うでずもうのことする考え方もあります。

似た意味のことば

豆腐にかすがい

↓112ページ

使い方まんが どう思ってるの？

すきな人にいくら話しかけてものれんにうでおしで、ぜんぜん手ごたえを感じられないのだと、妹がめずらしく落ちこんでいる。

がんばってもぜんぜん足りないよ

焼け石に水

そんなときに言いたい！

使い方まんが 1 9回うら

野球の試合で点差が大きくついてしまい、負けは確実。多少点をとったところで焼け石に水だけど、最後まであきらめなかった。

意味

しんこくな場面では、わずかな努力や助けではこうかが期待できないこと。

使い方まんが 2 やっぱりむり!?

あついおふろに少しのこおりを入れても、すぐとけてしまって温度はぜんぜんかわらない。このていどじゃ焼け石に水だ。

「焼け石」とは、火で焼かれてたいへん熱くなった石のこと。少しくらい水をかけても、水はジュワッとじょうはつするだけで、石はほとんどさめません。

このことから、状態がたいへん悪いため、少しくらいの努力や助けでは、何の足しにもならないことを表します。

また、そうした、のぞみが持てなさそうな状態や、手おくれとなった場面を表すときにも使います。

水の字が出てくることば

覆水盆に返らず

一度してしまったことは、取り返しがつかないということ。→2巻70ページ

水清ければ魚棲まず

正しくけっぺきすぎると、かえって人がよってこなくなる。→2巻116ページ

水に流す

起きたもめごとを、全てなかったことにすること。→3巻64ページ

こんなふうに使えるね!

【テスト前日にあわてる友だちにツッコミ!】

テストの前日にあわてて勉強しても、**焼け石に水**だよ。

?クイズ!

水の入ったことば。正反対の性質でしっくり合わないことだよ。「**水と□**」の□に入ることばは?

A 油

B 塩

C 氷

答えは122ページ

わかるかな？

虫食いクイズにちょうせん！

ヒントを参考にして、何のことわざか答えてね。

答えは124ページ

① えんの下の　もち

ヒント　おすもうさんは□もちだね

② 　にうでおし

ヒント　店の入り口にかかっているのは？

③ 若いときの　は買ってでもせよ

ヒント　できればしたくないことだよ

④ をすればかげが差す

ヒント　ひそひそ話すことをなんという？

虫に食われて読めないよ〜

5 勝って　　の緒をしめよ

ヒント
たんごの節句にかざるものといえば

ヒント
船がとんでもないところに行くというたとえだよ

6 船頭多くして船　　る

7 　　も歩けば棒に当たる

ヒント
とても用心深くものごとを行うという意味だよ

8 　　をた　　わたる

ヒント
動物が入るよ

9 　　の背くらべ

ヒント
秋に見かける木の実といえば

日本のことわざと似た意味の世界のことわざ

世界には、日本のことわざと似た意味のことわざがたくさんあるよ。外国ではどんな表現をするのか見てみよう！

イギリスのことわざ

料理人が多いとスープが台なしになる

「船頭多くして船山に上る」（→48ページ）と同じ意味のことわざです。たくさんの料理人が、思い思いの味つけをしたのでは、スープの味がまとまらないということ。

ロシアのことわざ

こごえた顔にふぶきのふきつけ

「泣きっ面にはち」（→96ページ）と同じく不幸がつづくことを表す、寒い国ならではの表現です。こごえた顔にふぶきがふきつけたら、想像しただけで寒くなりますね。

韓国のことわざ

金剛山も食後の見物

景色よりも食事のほうが大事だという、「花より団子」（→113ページ）と似た意味のことわざです。朝鮮半島にある有名な金剛山も、おなかがすいていては景色を楽しめないということです。

ドイツのことわざ

ベーコンをもとめてソーセージを投げる

「えびでたいをつる」（→91ページ）と同じように、小さな労力で大きな利益を上げることを意味します。日本ではうす切りで売られることの多いベーコンは、ドイツなどでは大きなかたまりで売られています。

インドネシアのことわざ

落ちたドリアン（を得るような）

「棚からぼたもち」（→109ページ）と同じく、何もせずに幸運をつかむという意味です。「くだものの王様」といわれるドリアンは、インドネシアではとても身近なくだもののひとつです。

その国らしさが出ていておもしろいね！

なんとかなるさ！

3 気が楽になることわざ

トラブルだってなんのその。
どんなときでも
気持ちを楽にしてくれる
ことわざがあるよ！

けんかをしてきずなが深まった

そんなときに言いたい！

雨ふって地かたまる

意味

もめごとや、悪いことのあとはかえってよいけっかが得られるということ。

使い方まんが 1 本気のぶつかり合い

おい！ いいかげん まじめに練習しろよ
なんだと！
オレはまじめに やってるじゃないか

ユウタには 言いたいことが あったんだ！
オレだって チアキには むかついてた！

ユウタがこんなにあつい やつだとは知らなかったよ
オレもチアキのこと ごかいしてた

雨ふって地かたまる。 きずなが深まったようで なによりだ

友だちと言い合いになってしまったけど、おたがいに言いたいことを言い合ったあとは、前よりもなかよくなれた。雨ふって地かたまるというものだ。

使い方まんが 2 クラスのもめごと

学芸会のげきの練習中にクラスでもめごとが起きてしまい落ちこんでいると「雨ふって地かたまるというよ」とお母さんになぐさめられた。

日常生活で、雨はあまりかんげいされない天気でしょう。出かけづらくなり、地面はぬかるんでしまいます。

でも、雨がふって助かることもあります。雨がやんだあとの地面は、しっかりとかたくなります。すなぼこりがまい上がることもなくなります。

このようなことから、雨を、もめごとなどの困りごと、土を、人間関係やかんきょうなどにたとえたことわざです。雨のように、一見、困ったことがあっても、そのあとは人間関係やかんきょうなどがよりよくなることがあるといっているのです。

友だちとけんかをして落ちこむ友だちに、きっとだいじょうぶだと、いってあげたいことわざです。

雨の字が出てくることば

雨だれ石をうがつ

小さなことでも根気よくつづけていれば大きなせいかにつながるということ。→2巻10ページ

晴耕雨読

晴れた日は畑をたがやし、雨の日は家で読書をすること。そのようにゆったりすごすこと。→4巻81ページ

?クイズ!

雨が出てくることわざ。当たり前であるという意味だよ。□に入ることばは?

雨のふる日は天気が□□□（ひらがなで）

答えは122ページ

果報は寝て待て

あせらず行こう！

そんなときに言いたい！

使い方まんが 1 絵画コンクール

今年は絵のコンクールにおうぼするぞ～！
まずは1枚かいてみよう
うーん…次はもっと構図をかえてみよう
今度は色が気に入らない！かき直そう
自信作をおうぼしたんだけどけっかが気になって落ち着かないよ
そわ
そわ
果報は寝て待て。そんなに努力したんだからあとはもう待つしかないよ

とびきりの自信作を絵画コンクールにおうぼした。けっかを気にしてそわそわしていると、友だちに果報は寝て待てだと言われたよ。

意味

幸運がやってくる時機はどうすることもできないので、あせらず待つのがよい。

使い方まんが ② テスト前日

果報は寝て待てというので、テストの前日に早く寝ようとしていたら、「開き直るな」とおこられてしまった。

「果報」とは、幸運、幸せの意味です。「寝て待て」とは、あせらず、ゆったりした気持ちで待っていればよいということです。よいけっかを得られるかどうか心配になったり、不安になったりする気持ちをほぐすときに使えます。

幸運は思いがけずやってくるから、なまけていればよい、という意味ではありません。やれることはやって、幸せがくるのを待つしかないということです。

似た意味のことば

人事をつくして天命を待つ

自分の全力をかけて努力したら、あとは運を天にまかせるのがよい。

待てば海路の日和あり

あせらずに待っていれば、幸運はやってくるものだ。

？クイズ！

寝の字が入った慣用句。とつぜん思いがけないできごとが起きておどろくことをいうよ。□に入ることばは？

寝耳に□（漢字で）

答えは122ページ

しっぱいがかえってよいけっかに!

けがの功名

そんなときに言いたい!

意味

しっぱいやあやまち、何気なくしたことがよいけっかになること。

夏休みにかいた絵を犬にふまれ、足あとだらけに。仕方なくそのまま提出すると、「げいじゅつ的だ」と先生にほめられた。まさにけがの功名だ。

使い方まんが 2 じいちゃんの声

オンチなのに歌がすきなおじいちゃん。今日はかぜをひいてがらがら声だったけど、それがかえってうまく聞こえた。けがの功名だな。

ここでいう「けが」とは、体のけがにかぎらず、しっぱいや不幸を意味します。「功名」とは、手がらを立てて名をあげることで、成功を意味します。つまり、しっぱいや不幸だと思ったことが、思いもしないよいけっかに結びついたことを表します。多くの場合、ユーモアをこめて使われます。

実際、わたしたちの生活では、しっぱいしたときでも、ぐうぜんが幸いしてうまくいくこともよくあります。たとえさいなんに見まわれても、「けがの功名」を期待して、前向きに考えるのもよいかもしれませんね。

昔は「高名」と書きましたが、今では「功名」が正しい書き方です。「光明」とまちがえないよう、気をつけましょう。

けがが出てくることば

生兵法は大けがのもと

身についていない知識やうでまえにたよると、かえって大しっぱいをしてしまうこと。「生兵法」とは、ちゅうとはんぱに兵学や武術を心得ていること。

油断はけがのもと

少しの気のゆるみや、注意をおこたることが、わざわいの原因になる。

クイズ!

同じ意味のことばだよ。「□□□□の功名」の□に入ることばはどちら?

A せいこう

B あやまち

答えは122ページ

みんなで意見を出し合えば！

三人寄れば文殊の知恵

そんなときに言いたい！

使い方まんが  ゲーム名人をたおせ！

ゲームのうまいリツに勝つため、３人で作戦会議。三人寄れば文殊の知恵というように、みんなで相談すればきっといいアイデアがうかぶはずだ。

意味

へいぼんな人間でも三人集まって相談すれば、すばらしいアイデアがうまれることがあること。

仏教では、知恵にすぐれた「文殊」という菩薩(位の高い僧)がいます。へいぼんなひとりやふたりではいい知恵が生まれなくても、何人か集まって相談すれば、文殊のような知恵が生まれることもあるというのです。自分と相手だけでなく、三人目の客観的な見方が入ることでよい知恵がうかぶことがあることを表したことわざです。

へいぼんな人でも、協力して知恵を出し合えばうまく解決できるという意味なので、目上の人に対して使うのは、失礼になる場合があります。使うときには気をつけましょう。

何かを考えるときに、関係者ではない第三者に協力してほしいとお願いする場面で用いられることが多いことわざです。

三の字が出てくることば

石の上にも三年
↓10ページ

ももくり三年かき八年
↓115ページ

三顧の礼
目上の人が目下の人を信頼してものごとをたのむこと。また、とくべつに何かをまかせたり、もてなしたりすること。↓2巻40ページ

三日坊主
とてもあきっぽく、長くつづかないさま。また、そういう人のこと。↓4巻112ページ

三度目の正直
最初や二度目はあてにならないが、三度目は確実だということ。

仏の顔も三度
どんなにやさしい人でも、失礼なことを何度もすればおこりだすということ。

「三人寄れば師匠のでき」という言い方もあるよ

?クイズ!

三の字が入ることわざ。□□□□をするとよいことがあるという意味だよ。□に入ることばは?

□□□□は三文の徳(ひらがなで)

答えは122ページ

しっぱいしたけどがんばる！

そんなときに言いたい！

しっぱいは成功のもと

意味

しっぱいしても悪いところを直していけばやがて成功につながる。

使い方まんが 1 バッグのひも

何度もしっぱいしたけど、そのたびにかいりょうを重ね、やっとぴったりなサイズのバッグを作ることができた。しっぱいは成功のもとだ！

使い方まんが 2 ハムスケのちょうせん

ペットのハムスターは、回し車を回してはしっぱいしている。そんなすがたを見ていたら、「しっぱいは成功のもとだよ」とはげましたくなった。

英語で「しっぱいは成功を教える」ということわざがあり、これがもとになっているといわれます。また、発明王エジソンの言った「しっぱいは成功の母」ということばがもとという説もあります。

何かをやろうとしてしっぱいしたとき、がっかりしてやめてしまったら、成功はありません。どうすればよいかと考えて、実行していくことこそが、成功するためには大事だということわざです。

似た意味のことば

七転び八起き
→24ページ

わざわいを転じて福となす
さいなんをうまく自分に役立つものとして利用すること。

しくじるはけいこのため
しっぱいは、のちに成功するための練習のようなものだということ。

こんなふうにも使えるね!

【友だちへの手紙に】
今日はうまくいかなかったけど、**しっぱいは成功のもと**っていうし、明日からまたいっしょにがんばろうね。

?クイズ!

「〜のもと」で終わることわざ。小さな病気をほうっておくと大きな病気につながるという意味だよ □に入ることばは?

□□は万病のもと（ひらがなで）

答えは122ページ

すきなことならがんばれる！

そんなときに言いたい！

すきこそものの上手なれ

使い方まんが　野球愛

おじいちゃんに、野球が上手になったとほめられた。すきこそものの上手なれというように、すきなことなので上達が早いのかもしれない。

意味

すきなことは熱心に努力するので、上達が早いということ。

すきという気持ちがあれば、自分で工夫してがんばるため上達が早いものです。反対にすきではないことを無理してやっても、うまくいかないという意味もふくんでいます。何を始めるにも、興味をもってすきになることが大事で、今うまくなくてもきっと上達するということでもあります。

反対の意味のことば

下手の横好き

下手なくせに、すきで熱心に取り組んでいること。

なれればどこでもかいてき！

そんなときに言いたい！

住めば都

使い方まんが　高いところ

引っこしたころは、高層マンションがこわかったけど…
おうち高くてこわいよぉ～
ベランダからのけしきはきれいだしなれるとかいてきなんだよね
住めば都ってやつだねー

引っこしたころはマンションの20階での生活がいやだった。しかし、どんなところでも住めば都で、今はかいてきに生活できている。

意味

住みなれると、どんな場所も都のようによい場所だと思えるということ。

ふべんな場所やかんきょうも、なれてしまえば住みやすくなり、まるで自分にとって都のようになるといっています。たとえば引っこしは何かと不安なものですが、実際に住んでしまえば、なれて住みやすくなるものです。転校する友人をはげますときなどにも使えることばです。

似た意味のことば

地獄もすみか

たとえ地獄のように思える場所でも、なれてしまえば住みやすくなるということ。

うわさなんて気にするな！

そんなときに言いたい！

人のうわさも七十五日

意味

人がうわさ話をするのはほんの一時で、しばらくすれば話題にしなくなるものだ。

七十五日とは正確な日数ではありません。二、三か月して季節がかわるくらいの期間です。このくらいたつと人びとの関心はうすれ、うわさも消えるものだということです。うわさに反論などすると、かえってこじれるので、気にせず自然と消えるのを待ったほうがよいという教えです。

うわさが出てくることば

うわさをすればかげが差す

→41ページ

使い方まんが　勝利のためなら…？

リツくんて勝つためなら手段をえらばないんだって

こわーい

そんなことないんだけどな…

なんか変なうわさが広まってる気がする

人のうわさも七十五日。そのうちおさまるよ

「ゲームで勝つためなら手段をえらばない」というまちがったうわさが広まってこまっていたら、人のうわさも七十五日だと友だちにはげまされた。

言わなくてもわかるよ

そんなときに言いたい！

目は口ほどにものを言う

使い方まんが　本心は…

お兄ちゃんの視線から、わたしのケーキを食べたがっていることが伝わってくる。目は口ほどにものを言うって本当だな。

意味

口に出さなくても、目つきから感情は伝わるものだ。

人間の感情をもっともよく表すのは目だといわれます。口で伝えるよりも、目にその人の気持ちがあらわれるもの。言葉でごまかそうとしても、まわりにはわかってしまうものなのですね。「目は口ほどにものを言い」ということもあります。

目の字が出てくることば

一目おく
相手が自分よりすぐれていることをみとめ、一歩をゆずる。敬意をはらうこと。→3巻50ページ

障子に目あり
かべに耳あり
→44ページ

悪いことばかりじゃないさ！

そんなときに言いたい！

楽あれば苦あり

意味

楽しいことがあれば、そのあとに苦しいことがめぐってくる。またそのぎゃくもある。

使い方まんが 1 そんな日もある

野球でしっぱいがつづくと練習がつまらなく感じてしまうが、反対にいいプレーができたときはとても楽しい。野球の練習も楽あれば苦ありだ。

使い方まんが 2 ふたりはなかよし!?

お父さんとお母さんはとてもなかよし。だけどお母さんいわく、楽しいことばかりじゃなかったらしい。恋愛も楽あれば苦ありなんだな。

江戸時代の「いろはかるた（→2ページ）」にも使われたことわざです。「楽あれば苦あり」のあとに「苦あれば楽あり」とつづけていうこともあります。何をするにも楽しいことのあとには苦しいことがあり、楽しいことばかりがつづくことはありません。また、苦しいことばかりもつづきません。楽しいことがあっても、うかれすぎず、苦しいことがあっても、落ちこまずに前を向いてがんばれ、と教えることわざです。

似た意味のことば

塞翁が馬
人生の幸せや不幸せは、予測することができない。→2巻108ページ

上り坂あれば下り坂あり
一生のうちには、いいときもあれば悪いときもある。

こんなふうにも使えるね！

【友だちをはげますときに】
コトハとけんかしたって？　だいじょうぶ、人生**楽あれば苦あり**。またなかよく話せる日がくるよ。

？クイズ！

苦の字が入ったことわざ。楽は苦を、苦は楽をうむという意味だよ。□に共通して入ることばは？

楽は苦の□□、苦は楽の□□（ひらがなで）

答えは122ページ

わらう門には福来る

わらっていればだいじょうぶ！

そんなときに言いたい！

意味

いつも笑顔であふれているところには自然と幸福がやってくる。

使い方まんが 1 わらっていたら…

今日はわすれものをするわ、何もないところで転ぶわ、さんざんな日だった…
お母さんもお気に入りの洋服にコーヒーをこぼしちゃったの
父さんはさっきハムスケにかじられたよ～
そういうときこそわらいましょ！わらう門には福来るというでしょ！
ワハハハ
アハハ
パーティーでもしてるのかな？それならケーキをさしいれしなきゃ

わらう門には福来るというお母さんのことばで、家族みんなが笑顔になった。すると、なんとわらい声を聞いた近所の人から、ケーキをもらった。

使い方まんが 2 わらってお手伝い

楽しくわらいながら手伝いをしていたら、ごほうびをもらえた！ わらう門には福来るというのは本当だったみたいだ。

このことわざでいう「門」は、家の入り口のことをいいます。つまり「家」や「家庭」のことをさしています。

もともとは、わらい声のたえない家庭には幸福がおとずれるという意味です。しかし最近では家庭でなく、「わらっているといいことがあるよ、幸せがくるよ」と、個人に対して使うことも多くなりました。「門」は「角」と書くのはまちがいなので気をつけましょう。

似た意味のことば

和気財を生ず

なかがよく楽しい家庭には自然と幸福がやってきて、財産にもめぐまれる。

わらいは人の薬

てきどなわらいは、心や体の健康によい。

こんなふうにも使えるね！

【書き初めに】

「**わらう門には福来る**」いつも前向きに、わらって一年をすごそうという目標をこめて、書き初めするよ！

?クイズ！

わらうようすが入ったことわざ。未来のことはわからないという意味だよ。□に入ることばは？

来年のことを言えば□□がわらう（ひらがなで）

答えは122ページ

正しい使い方はどっち？

それぞれのことわざの使い方が正しいほうを選ぼう。

答えは124ページ

住めば都

ア　**住めば都**というように、都会は、便利で住みやすいね

イ　引っ越しするのはいやだったけど、新しい友だちもできて、毎日楽しい！　**住めば都**だ

答え［　　］

うわさをすればかげが差す

ア　先生が通りがかったから、友だちと先生の話をしたよ。**うわさをすればかげが差す**っていうからね

イ　帰り道、友だちと先生の話をしていたら、先生が前から歩いてきた！　**うわさをすればかげが差す**だね

答え

あぶはち取らず

ア

二冊の本のどちらを買ってもらうかなやんでいたら、本屋が閉まる時間になって、買ってもらえなかった。**あぶはち取らず**とはこのこと

イ

あぶはち取らずというように、虫や魚を取るには練習が必要だね

答え【　】

ねこに小判

ア

妹にお菓子を持っていてもらったら、ぼくの分まで食べちゃった。まるで**ねこに小判**だ

妹は、乗れないのにりっぱな自転車をもらったよ。まったく**ねこに小判**だね

答え【　】

かってに!

ことわざランキング

チアキとナギサが、かってにことわざをランキング!気になるけっかを見てみよう。

スポーツ大すきなチアキが選んだ

肝にめいじたいことわざベスト3

1 勝ってかぶとの緒をしめよ

19ページ

野球の試合に勝つと、ついうかれちゃうけど、そんなときに思い出すようにしてるよ。

2 七転び八起き

24ページ

3 すきこそものの上手なれ

72ページ

がんばり屋さんなナギサが選んだ

自分をはげますことわざベスト3

1 ちりもつもれば山となる

26ページ

毎日、コツコツがんばっていれば、きっと自分の力になるよね! いきなり大きなけっかが出なくても、地道な努力って大事だよね。

2 えんの下の力もち

16ページ

3 ももくり三年かき八年

115ページ

動物も虫も妖怪も？

4 いきもののことわざ

ことわざには、いきものが出てくるものがいっぱい。犬やねこや、魚や虫、妖怪まで出てくるよ！

よくばるんじゃなかったな

そんなときに言いたい！

あぶはち取らず

意味

よくを出してふたつのものをほしがり、結局どちらも手に入らないこと。

使い方まんが 1 バッターもピッチャーも

4番バッターとピッチャーの両方を目指して野球の練習をがんばった。ところがレギュラーにさえ選ばれず、あぶはち取らずになってしまった。

使い方まんが ② 習いごと

手芸教室とそろばん教室、どちらにも通いたいと思っていたが、「よくばるとあぶはち取らずで、どっちも身につかないよ」と妹に言われてしまった。

あぶもはちも、ブンブン飛び回っている身近な虫です。両方いっぺんにつかまえようとすると、結局どちらもつかまえることができず、しっぱいしてしまいます。よくを出しすぎてはいけないと、いましめることわざです。古くは「あぶも取らずはちも取らず」といっていました。

くもが、巣にかかったあぶとはちの両方をつかまえようとして、結局どちらもにげられてしまった話がもとになったという説もあります。

あぶは何の役にも立たず、めいわくな虫ですが、はちは、みつを取ることもできる価値のある虫です。このことわざでなぜどちらも取ろうとしているのかは、わかっていません。

似た意味のことば

二兎を追うものは一兎をも得ず

→98ページ

反対の意味のことば

一石二鳥

ひとつの行いでふたつのよいことが起きること。

→4巻96ページ

一挙両得

ひとつの行動で、同時にふたつの利益を得ること。

？クイズ！

はちが出てくることわざ。不幸や不運がつづくことをいう「□□っ面にはち」の□に入るのはどちら？

A 起き

B 泣き

答えは122ページ

あまく見るなよ！

そんなときに言いたい！

一寸の虫にも五分の魂

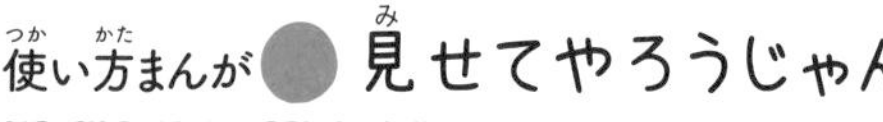

ゲームの大会の日、大人のプレイヤーに「小学生じゃ勝負にならない」とばかにされた。一寸の虫にも五分の魂があることを見せてやろうと思う。

意味

小さくて弱いものにも、意地や考えがあるのでばかにできないということ。

一寸は昔の長さの単位で、約3センチメートル。五分とは一寸の半分です。一寸ほどの小さな虫には、その体の半分ほどものりっぱな魂があるという意味です。「魂」は、ひとりひとりのこだわりや意地をたとえています。どんなものでもばかにせず、尊敬すべきという教えです。

虫の出てくることば

飛んで火に入る夏の虫
→54ページ

虫の居所が悪い
きげんが悪く、おこりっぽいようす。

そんなときに言いたい！

犬の遠ぼえ

意味

おくびょうな人がかげでいばったり、悪口を言ったりすること。

弱い犬ほど、安全な遠くはなれた場所でほえるといわれます。このことから、どうどうと言えずにいるようすを表して使われます。なさけない、いさぎよくないようすをばかにする気持ちもこめられています。負けおしみを言うことを皮肉をこめて「負け犬の遠ぼえ」という使い方をすることが多くみられます。

使い方まんが　文句は直接どうぞ

出口
クソ…あの小学生何者だ？
本気出してたら勝てたって
はっ…完全に犬の遠ぼえじゃん。そういうのはオレに直接言ってほしいよね

ゲームの試合で負かした選手が、かげで負けおしみを言っていた。でもしょせん犬の遠ぼえ。文句があるなら直接言ってほしい。

犬が出てくることば

犬も歩けば棒に当たる →88ページ

行動したらまさかの展開!?

そんなときに言いたい!

犬も歩けば棒に当たる

意味

①何かをすれば、その分さいなんにあうことも多い。
②出歩くと幸運にめぐりあうことがある。

使い方まんが 1 公園に行けば…

友だちにさそわれて公園へ出かけると、急に雨がふり出して全身ぬれてしまった。犬も歩けば棒に当たるということか……。

江戸時代の「いろはかるた（→2ページ）」で、一枚目の「い」に出てくることわざです。

もともとは、犬がうろうろしていると、人間のふり回す棒に当たってたたかれる、という意味でした。下手に動くと、わざわいにあうかもしれないことのたとえです。

ところが「当たる」という言葉のえんぎのよさから、よい意味で用いられるようにもなりました。前に向かって歩いていく犬は、何かよいことに出くわすかもしれない、という意味です。何もしないでいるより、何かやってみたほうが、思いがけない幸運にめぐりあう、ということをたとえています。今では、このよい意味で使われることが多くなっています。

使い方まんが 2 散歩をしたら…

犬も歩けば棒に当たるもので、犬の散歩に出かけた先で、ぐうぜんクラスメイトに会ったよ。休みの日に会えるなんてうれしいな。

犬が出てくることば

犬の遠ぼえ
→87ページ

飼い犬に手をかまれる
大切に世話をしているものに、ひどい目にあわされること。

犬が西向きゃ尾は東
とても当たり前のことをいう。

犬猿のなか
とてもなかが悪いこと。犬とさるはなかが悪いといわれていることから。

？クイズ！

棒が出てくる慣用句。思いがけない、とつぜんだという意味だよ。正しいのはどちら？

A　やぶから棒

B　やみから棒

答えは122ページ

それって大事なもの……？

そんなときに言いたい！

いわしの頭も信心から

意味

つまらないものでも、信じている人にとってはありがたいものであること。

節分の夜、おにを追いはらうため、焼いたいわしの頭をひいらぎの枝にさして、門にかざる習わしが由来とされます。ほかの人にとってはつまらないものに見えても、その人に信じる心があれば価値がある、ということです。がんこにものを信じる人をからかうときに使うこともあります。

いわしが出てくることば

いわしあみでくじらをとる

小さないわしをとるためのあみで、大きなくじらがとれたということから、思いもよらない幸運のこと。

使い方まんが　大事なおまもり

友だちのおまもりをごみだとかんちがいしてしまった。いわしの頭も信心から。どんなものでもその人にとっては大切なのだから気をつけよう。

えびでたいをつる

そんなときに言いたい！

意味

わずかなそんや労力で大きな利益を上げること。

つりのえさとして使うえびは小さく、一ぴきでは価値があるとはいえません。しかし、高級魚のたいをつり上げることができます。このことから、少しの努力やちょっとしたもので、大きな利益を上げたり、値打ちのあるものを手に入れたりすることのたとえに使われるようになりました。「えびたい」と、略していうこともあります。

たいが出てくることば

くさってもたい →106ページ

使い方まんが すごすぎるお礼

チアキのじいちゃんオレのゲーム貸しますよ
チアキとやってみて
うれしいのう。お礼にこれをあげよう
すごいレアなレトロゲームもらっちゃった…
よかったじゃん。えびでたいをつるとはこのことだな

友だちのおじいちゃんにゲームを貸してあげたら、お礼にとてもめずらしいレトロゲームをもらってしまった。えびでたいをつり上げた気分だ。

自信があったのに大しっぱい！

そんなときに言いたい！

かっぱの川流れ

意味

泳ぎのうまいかっぱでさえおぼれることがあるように、達人でもしっぱいすることがある。

かっぱとは日本の妖怪です。手足に水かきがあり、泳ぎがとてもとくいといわれています。そんなかっぱでも、川の水に流されることがあるとして、達人にもしっぱいがあることをいっています。

似た意味のことば

弘法にも筆のあやまり
↓46ページ

さるも木から落ちる
↓93ページ

上手の手から水がもる
いくらものごとが上手な人でも、ときにはしっぱいすることもある。

使い方まんが ゲーマーのリツが!?

ゲームの攻略を友だちにたのんだら、まさかのしっぱい。あんなにゲームがうまい友だちがしっぱいするなんて、まさにかっぱの川流れだ。

いくらとくいでもミスくらいする

さるも木から落ちる

そんなときに言いたい！

使い方まんが まさかのエラー

テレビで野球の試合を見ていると、鉄壁の守備といわれるほどの山田選手がボールを落としていた。さるも木から落ちることがあるんだ！

意味

木のぼりがうまいさるが木から落ちることがあるように、達人でもしっぱいすることがある。

さるは木のぼりがとくいです。そんなさるでも、ときには木からすべり落ちることもあります。このように、その道の達人でも、ときにはしっぱいもするということをたとえたことわざです。

似た意味のことば

弘法にも筆のあやまり
→46ページ

上手の手から水がもる
→92ページ

かっぱの川流れ
→92ページ

立ち去る前にふり返って！

そんなときに言いたい！

立つ鳥あとをにごさず

意味

去るときは、あとが見苦しくないよう、きれいにしてから去るべきだということ。

使い方まんが 1 片づけまでが手芸！?

ナギサちゃんへのプレゼントできた〜！よろこんでくれるといいな
さっそくわたしに行っちゃお〜
ワ〜イ
お姉ちゃんちょっと待って
立つ鳥あとをにごさず！片づけはちゃんとやって！
ごちゃ…
ごちゃ…
うっ…。ごめんなさい

手芸をしたあとそのまま出かけようとしたら、妹に、立つ鳥あとをにごさずだと言われた。たしかにテーブルを片づけるのをすっかりわすれていた。

使い方まんが 2 負けても全力

野球の試合の日は、どんなにけっかが悪くても全力でグラウンドを整備して帰るようにしている。立つ鳥あとをにごさずという気持ちをわすれずにいたい。

この場合の「鳥」は、かもなどの水面や水辺でくらす「水鳥」のことです。水鳥が飛び去ったあとの水面はにごらず美しいままであることから、自分がいたところから去るときは、きれいに片づけてから去るべきだ、という教えになりました。仕事などからの引きぎわが、いさぎよいことを表すときにも使われます。

「飛ぶ鳥あとをにごさず」という言い方をすることもあります。

反対の意味のことば

あと足で砂をかける

犬や馬がかけていくとき砂をけちらすことから、世話になった人に迷惑をかけていなくなること。

あとは野となれ山となれ

今がよければ、あとはどうなってもかまわないということ。

鳥が出てくることば

一石二鳥

ひとつの行いでふたつのよいことが起きること。→4巻96ページ

飛ぶ鳥を落とすいきおい

権力やいきおいがとても強いようす。

足もとから鳥が立つ

自分のまわりで、とつぜんびっくりするようなことが起こること。

？クイズ！

鳥が出てくることわざ。大切なものをふいに横取りされたことをいうよ。□に入るのはなんの鳥？

□□□に油揚げをさらわれる

答えは122ページ

さいなんつづきだ……

そんなときに言いたい！

泣きっ面にはち

意味

泣いている顔を
はちがさすように
不幸や不運がつづくこと。

がんばって育てたゲームのキャラが負けたくやしさでつくえをたたいたら、置いてあったブロックで手をいためてしまった。泣きっ面にはちだ。

「泣きっ面をかく」という言葉があります。たくさん泣くと、まぶたがふくらんで、顔全体がむくんできます。これが泣きっ面です。今にも泣き出しそうな顔のことをいうこともあります。

そんな顔になっているところに、さらにはちにさされた状態をいうのが「泣きっ面にはち」です。ただでさえ悲しい思いをして泣いているのに、そのうえ追い打ちをかけられるように、苦痛におそわれるというわけです。

つらいことが重なることは、ざんねんながら、だれにでも起こりうることです。だからこそ、ことわざになっているといえるでしょう。こんなこともあるさと、落ちこんでいる人にかけてあげられることわざのひとつです。

江戸時代の「いろはかるた（→2ページ）」にも入っていることわざです。

似た意味のことば

きず口に塩

悪い状態のときに、さらに悪いことが起きること。

弱り目にたたり目

ただでさえ弱っているときに、神様や仏様のたたりまで受けるということ。

はちが出てくることば

あぶはち取らず

→84ページ

はちの巣をつついたよう

はちの巣をつついたときのはちのように、たくさんの人がさわいで、どうにもならないようす。

何度もひどい目にあうことを「ふんだりけったり」ということもあるね

クイズ！

泣の字が入ったことわざ。子どものきげんがかわりやすいことをいうよ。□に入ることばは？

今泣いた□□□がもうわらう（ひらがなで）

答えは122ページ

どちらかにすればよかった……

そんなときに言いたい！

二兎を追うものは一兎をも得ず

意味

ふたつのことを同時にやろうとするとどちらも成功しない。

使い方まんが 1 どちらにする？

小さいころはサッカーと野球の選手になりたいと思っていたが、二兎を追うものは一兎をも得ずだと言われて、今は野球をがんばっている。

使い方まんが②　同時読書!?

どっちの本も早く読みたい〜！
もう同時に読んじゃえ！
…ってぜんぜん頭に入ってこないよ
う…
二兎を追うものは一兎をも得ずよ

どちらの本も早く読みたくてたまらず、2冊いっしょに読み始めた。とうぜん二兎を追うものは一兎をも得ずで、どちらも頭に入ってこなかった。

もとはヨーロッパのことわざです。明治時代以降に日本でも広まったといわれています。「二兎を追うものは一兎得ず」ともいいます。

「兎」とは、うさぎのことです。ぴょんぴょんと、す早くあちこちとびはねるうさぎを、二ひきいっぺんに追いかけても、つかまえられるものではありません。両方ににげられてしまいます。

このように、よくばって一度にふたつのものをねらっても、結局どちらも手に入らないことをたとえています。両方ともしっぱいしたり、ちゅうとはんぱで終わってしまうことがあるから、よくばるものではないという教えです。また、ひとつのことに集中しないで、あちこちに気を取られている人への注意にも使われます。

似た意味のことば

あぶはち取らず
→84ページ

反対の意味のことば

一石二鳥
ひとつの行いでふたつのよいことが起きること。
→4巻96ページ

一挙両得
ひとつの行動で、同時にふたつの利益を得ること。

クイズ！

漢数字が入る三つの四字熟語。このなかで「二」が入るのはどれ？

A 唯一無□
B 四捨□入
C 十人□色

答えは122ページ

あげても価値がわからないよね……

そんなときに言いたい！

ねこに小判

意味

価値のわからない人に
きちょうなものを
あたえても役に立たない。

使い方まんが 1 チアキに本をあげたら

なかなか手に入らないきちょうな本を友だちにプレゼント。だけど本人には価値がわかってもらえず、ねこに小判だったようだ。

使い方まんが 2 コトハ、レアキャラをゲット!

ゲームが下手な友だちがこのレアキャラを手に入れても、ねこに小判だ。自分のほうが使いこなせる自信があるのに……。

小判とは、江戸時代の金貨のひとつで高価なものでした。しかし、その価値は人間だからこそわかるもので、たとえばねこのような動物には、小判はまったく価値がなく、使うことはできません。

このことから、どんなに価値のあるものでも、値打ちがわからないとむだになることを、たとえています。「わたしにはねこに小判です」のように、自分には価値がよくわからないときにも使います。

似た意味のことば

馬の耳に念仏

馬にありがたい教えを聞かせても、そのありがたみはわからない。意見や忠告をしても意味がないこと。

ぶたにしんじゅ

価値のわからない者に高いものをあたえても意味がないこと。

ねこが出てくることば

ねこの手も借りたい

だれでもいいから手伝ってほしいほど、とてもいそがしいこと。

↓3巻112ページ

ねこをかぶる

本当の性格をかくしておとなしくふるまうこと。

?クイズ!

お金が出てくることわざ。□はお金のようにきちょうで、むだづかいするなという意味だよ。□に入ることばは?

□は金なり（漢字で）

答えは122ページ

アクティビティ

ことわざならべかえゲーム

ことわざを使ったゲームだよ。みんなでやってみよう！

どんなゲーム？

カードに書かれた文字をならべかえて、ことわざを完成させるゲームだよ。

- 人数　ふたり以上
- かかる時間　十五分くらい
- 必要なもの
  - ・紙　・筆記用具

ゲームのやり方

1 ふたり一組を作ります。

2 カードを作ります。ことわざをひとつ決めて、一文字ずつ紙にかきましょう。ことわざは「七文字のことわざ」などと、文字数を決めて選ぶとよいでしょう。

ゲームに使うことわざの例

【六文字のことわざ】
- ・あとのまつり
- ・ぜんはいそげ
- ・ねこにこばん
- ・もちはもちや

【七文字のことわざ】
- ・あぶはちとらず
- ・いそがばまわれ
- ・おににかなぼう
- ・はなよりだんご

【十二文字のことわざ】
- ・うわさをすればかげがさす
- ・かってかぶとのおをしめよ
- ・ころんでもただではおきぬ
- ・めはくちほどにものをいう

【十三文字のことわざ】
- ・あたまかくしてしりかくさず
- ・いぬもあるけばぼうにあたる
- ・こうぼうにもふでのあやまり
- ・すきこそもののじょうずなれ

3 カードをよくまぜ、対戦相手にわたします。

4 「よーいドン！」を合図に、カードをならべかえてことわざを作ります。早くことわざを完成させたほうが勝ちです。

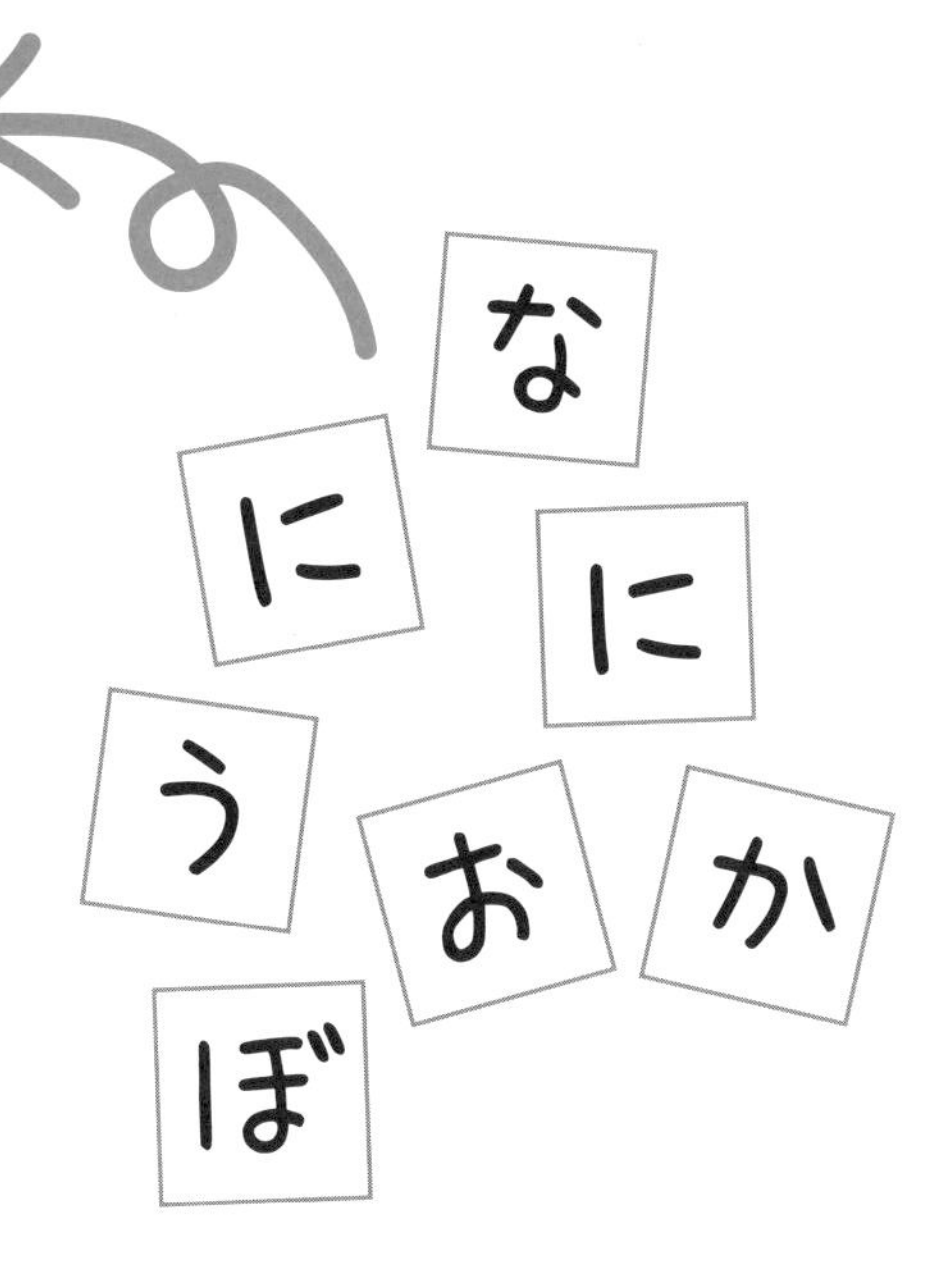

もっと楽しく！

● グループ対抗戦もできます。そのときは、各グループが二〜四問ずつ出し合うのもおすすめです。

● 長いことわざは、ことばで区切ってカードにしてもよいでしょう。そのときは、二〜四このことわざをまぜるとおもしろくなります。

【例】
「かって」「かぶとの」「おを」「しめよ」
「とんで」「ひに」「いる」「なつの」「むし」

文字数をふやすとむずかしくなるよ！

日本に伝わり広まった世界のことわざ

日本で広く知られていることわざの中には、じつは海外から伝わったものもあるんだ。その一部を紹介するよ！

となりの芝生は青い

第二次世界大戦のあとにヨーロッパから伝わったとされることわざです。他人のものはなんでよく見えることのたとえです。まわりの人のものがうらやましくなるのは、世界共通なのですね。

鉄はあついうちに打て

鉄は、熱して真っ赤になった状態のものをたたいて形にすることから、「時機はのがすな」「教育はわかいうちがよい」ということをたとえています。ヨーロッパの多くの国で、このことわざが使われています。

火中のくりを拾う

人のためにきけんをおかすことのたとえです。フランスの詩人、ラ・フォンテーヌの『寓話』の中の「猿と猫」というお話で、さるがねこをそそのかし、だんろの中のくりを拾わせるシーンが由来になっています。

目からうろこが落ちる

『新約聖書』がもととなったことわざで、急にものごとが理解できるようになることのたとえです。失明した聖人パウロの目からうろこのようなものが落ちて目が見えるようになったというシーンに由来しています。

時は金なり

時間は金と同じように大切なものなので、むだにしてはならないということ。世界中で使われています。アメリカのせいじ家ベンジャミン・フランクリンがのこしたことばとしても有名です。

5

おなかがなりそう!?

食べもののことわざ

だんごやもち、豆腐など、食べたくなっちゃう食べものが出てくることわざもいろいろあるよ！

すごいものはすごい！

そんなときに言いたい！

くさってもたい

意味

もともと価値の高いものは、多少いたんでもそれなりの価値があること。

使い方まんが 落書きの価値

あのアーティストの若いときの絵が、1000万円で落札されました！
えーっ あんな古くさい落書きのような絵が!?
あれくらいならわたしにもかけるよ！
ほら！
世界的に有名なアーティストだから価値があるんだよ
へ～ くさってもたいってことか

有名なアーティストがずっと前にかいた落書きが1000万円で売れたらしい。くさってもたいで、有名人の作品は昔の落書きでさえも価値があるようだ。

魚のたいは、「めでたい」に通じるため、昔からお祝いの料理にはかかせない食材です。味もよく、すがたも美しいため、高級な魚としてあつかわれてきました。七福神のひとり、福の神のえびす様がかかえている魚でもあり、今でもえんぎもののひとつです。

　このように価値の高いたいは、かりにくさったとしても価値があります。たいはたいにかわりはない、ということですね。

　そのことから、すぐれた才能や価値をもった人やものは、多少、悪い状態になったり、年老いたりしたとしても、それなりのよさがあることを表しているのです。

　しかし、「くさる」ということばの印象から、目上の人に対して使うと失礼になることがあります。注意がひつようです。

たいが出てくることば

えびでたいをつる
→91ページ

魚はたい
同類の中でもっともすぐれているもののたとえ。

たいの尾よりいわしの頭
大きな団体でだれかの後ろにつくよりも、小さな団体の先頭で活やくするほうがよい。

こんなふうにも使えるね！

【テレビを見て】
あのサッカー選手、現役を引退した今もあんなに足が速いなんて！　さすがくさってもたいだね。

【古いものをほめるときに】
五十年も使っているのに、おじいちゃんのうで時計はいつも正確だね。くさってもたいで、高級品なんだね。

クイズ！

魚が出てくることわざ。されるがままになるしかないことをいうよ。□に入ることばは？

□□□□□のこい（ひらがなで）

答えは122ページ

そんなときに言いたい!

山椒は小粒でもぴりりとからい

意味

小さいものでもすぐれた才能があり、ばかにできないこと。

「山椒」は、ミカン科の木で、その実は小さいけれど、かむととてもからくて、するどいしげきがあります。

これにたとえて、体が小さくても、才能にあふれている人や、勉強や運動能力にすぐれた人を表すことわざです。

使い方まんが ● すごい1年生

ん?

相手チームのスタメンに1年生がいるなんてなめられたもんだな

シュッ

あの1年生すごくうまい…。

山椒は小粒でもぴりりとからいって言うからな…。これはあなどれないぞ

相手チームには、1年生だけどすごく上手な選手がいる。山椒は小粒でもぴりりとからいということかもしれない、油断しないようにしよう。

反対の意味のことば

うどの大木

体ばかり大きくて役に立たない人のたとえ。

棚からぼたもち

使い方まんが　妹の誕生日なのに

妹の誕生日プレゼントを買うついでに、自分にまでプレゼントを買ってもらえるなんて、棚からぼたもちだった！

意味

何もせずに思いがけない幸運をつかむこと。

たまたま棚の下で口をあけて寝ていたら、棚においてあったぼたもちが口に落ちてきて、おいしく食べることができた、というおもしろいたとえです。何の苦労もなく、思いもよらぬ幸運がまいこむことをいっています。「たなぼた」と略していうこともあります。

反対の意味のことば

まかぬ種ははえぬ
じゅんびや努力を何もせずに、よいけっかが出るわけがない。

ライバルを助けてあげた！

そんなときに言いたい！

敵に塩を送る

意味

敵の弱みにつけこまず、ぎゃくに苦しい状況からすくうこと。

使い方まんが 1 相手チームにも

練習試合のとき、さし入れのアイスを相手チームにも配った。敵に塩を送ることになったが、みんなで食べられてよかった。

使い方まんが 2 まさかのプレゼント

対戦した相手から、お礼にとレアアイテムをもらった。**敵に塩を送る**ってやつだ。とてもありがたい。

戦国時代のエピソードから生まれたことわざです。越後（今の新潟県）の武将の上杉謙信と、甲斐（今の山梨県）の武将の武田信玄は、長年たたかいをつづけていました。

あるとき武田氏は、敵対するほかの武将に、海に通じる道を通行止めにされてしまいました。甲斐には海がないため、人びとは貴重な栄養源である塩が手に入らず苦しみました。

すると上杉謙信は、「たたかいは刀で行うべき」として、越後の海から塩を送り、武田信玄を助けたといいます。

たとえ敵であっても、弱みにつけこむのはひきょうだと、上杉謙信は考えたのでしょう。このことが人びとの心を打ち、長く語りつがれることになったのです。

塩の字が出てくることば

青菜に塩

元気だった人が何かをきっかけに、すっかりしょげてしまうようす。→3巻70ページ

なめくじに塩

苦手なものを前に、ちぢみあがって元気をなくすこと。

手塩にかける

人まかせにせず、自らの手でめんどうを見ること。

？クイズ！

塩が出てくる慣用句。悪いときに悪いことがつづけて起こることをいう「□□□に塩」の□に入るのはどちら？

A 目の中　B きず口

答えは122ページ

ぜんぜんひびかない……

そんなときに言いたい!

豆腐にかすがい

意味

手ごたえやこうかを何も感じないこと。

「かすがい」とは、「コ」の字型の金具です。木材に打ちこんで、木材どうしをつなぎます。ところが、それをやわらかい豆腐に打ちこんでも、なんのきき目もありません。このことから、手ごたえやこうかを全く感じないことのたとえとして、こうした言い方をします。

似た意味のことば

のれんにうでおし
→55ページ

ぬかにくぎ
必死に意見を言っても、こうかがないこと。

使い方まんが 図書館マナー

図書館ではしずかにすごすよう何度も注意したが、豆腐にかすがいで、だれも耳をかたむけてくれず、少しもこうかがなかった。

花より団子

そんなときに言いたい！

使い方まんが お弁当第一！

さくらの名所といわれるだけあって、花がとてもきれいにさいている。ところがそんな中、友だちはお弁当に夢中だった。どうやら花より団子らしい。

意味

風流なものよりも、実際に何かの役に立つものを選ぶこと。

いくら美しい花があったとしても、それをただながめているだけでは、目に見えた役には立たないので、それよりもおなかがいっぱいになる団子を食べたがるようすをいったことわざです。実際にお金をかせいだり、役に立ったりすることに価値をおくときに使います。

似た意味のことば

名をすてて実をとる

世間のひょうばんを気にするより、自分にとってよい結果を出すほうがよいということ。

とくいな人にまかせよう

そんなときに言いたい！

もちはもち屋

使い方まんが　自分でリフォーム!?

お母さん 家のリフォームをするなら自分たちで手づくりしてみようよ！
もちはもち屋よ。こういうのはせんもんの人にまかせましょ
ムチャいわないの

家のリフォームを自分たちの手でしてみたいとお母さんにていあんしたら、もちはもち屋だと言われてしまった。

意味

何ごとも、せんもん家が一番すぐれているので、まかせたほうがいいということ。

もち米をついてつくるもちですが、やはりふつうの人がつくよりも、せんもんのもち屋さんがついたほうがおいしいもの。何ごとも、それをせんもんにしている人が一番手なれています。しろうとが手を出すよりも、まかせてしまったほうがよいものになるということです。

似た意味のことば

芸は道によってかしこし

どんなことでも、せんもん家がその道をよく知っているということ。

ももくり三年かき八年

意味

ものごとが実をむすぶには、あるていどの年月がひつようだということ。

なえ木を植えてから果実が実るまでには、それなりに時間がひつようです。ももとくりは実がつくまで三年、かきは八年ほどもかかります。このことわざではぴったりの年月を示しているのではなく、努力が実をむすぶには長い期間をかくごしておいたほうがいいといっているのです。

使い方まんが　夢にむかって

はじめて書いた小説をコンテストにおうぼしたが、けっかは落選だった。しかしももくり三年かき八年。努力をつづけて、いつかよいけっかを出したい。

くりが出てくることば

火中のくりを拾う
→104ページ

ことわざカードを作ろう

気に入ったことわざ、使いたいことわざを選んでカードにしてみましょう。

作り方

①すきなことわざを選ぼう

この本を読んで、気に入ったことわざを書きとめておくといいでしょう。

②意味を調べよう

この本や国語辞典などで、ことわざの正しい意味をかくにんします。

③使い方を考えよう

この本のまんがなどを参考にして、どんな場面で使われるかを考えましょう。

④カードにまとめよう

左ページのようにカードに書きこみます。カードのひな形はこの本の最後にあります。

タブレットやパソコンでも作れるよ

このQRコードから、カードのPDF（B5サイズ）がダウンロードできるよ。タブレットやパソコンを使ってまとめてもいいね。

カードを作ったら

●みんなで発表しよう

作ったカードを順番に読み上げましょう。みんなはどんなことわざを選んだのかな？　みんなの考えた使い方もよく聞こう。

●かるたにしてみよう

カードのうらにことわざの一文字目と絵をかいて、取りふだにします。読み手がことわざを読み上げて、合うふだを取ります。ふだを取った人は、表の意味を読み上げます。ルールはみんなで考えてもいいですね。

●カードを集めて本にしよう

みんなのカードをまとめて「ことわざブック」を作ってみましょう。118ページに作り方がのっています。

カードの書き方の例

【使い方を入れたカード】

ことわざ

急がば回れ

意味

急ぐときこそ確実なやり方をとったほうがうまくいく。

使い方

急いでいたので水たまりをジャンプしたら、くつがびしょぬれになった。くつをはきかえに帰ったら、ちこくしてしまった。急がば回れで、水たまりはよけて歩けばよかった。

使い方のほかに、感想や似た意味のことばを入れてもいいね

【絵と感想を入れたカード】

ことわざ

どんぐりの背くらべ

意味

どれも似たようなもので、目立つものがないこと。ぱっとしない者どうしがあらそっていること。

感想

どんぐりは見分けがつきにくいので、こんなことわざになったのだと思った。

絵は、かるたみたいにうらにかいてもいいね

【使い方とまんがを入れたカード】

ことわざ

ねこに小判

意味

価値のわからない人に、きちょうなものをあたえても役に立たない。

使い方

おじいちゃんが弟に本をくれたけど、まだ字が読めないからねこに小判だ。

この本のように、ことわざの使い方をまんがにしてみよう！

みんなでちょうせん！

ことわざブックを作ろう

みんながかいた「ことわざカード」を集めて、本の形にしましょう。

1 みんなでカードをかこう

どのことわざを選ぶ？

116ページを参考にしてことわざカードをかきましょう。ひとり三まいなど、数を決めるといいですね。

じゅんびするもの

- カード
- 筆記用具
- 表紙、うら表紙用の厚めの紙
- 穴をあけるもの
- ひも
- 背表紙にする紙
- のり

2 カードを集めてみんなで読もう！

どんなカードがある？

みんなのカードを集めて、どんなことわざがあるかをかくにんします。ことわざをかき出していくと、わかりやすいですね。

友だちに聞いてみよう！

みんなのカードを読んだら、友だちと話し合ってみましょう。

● 似ていることわざはないかな？

みんなの作ったカードの中に、似た意味のことわざはないかな？意見を聞きましょう。

● ほかの使い方はあるかな？

カードに書いた以外のことわざの使い方をみんなで考えましょう。紙にかき出したり、まんがにしたりするといいですね。

3 どんな「ことわざブック」にする？
みんなで相談しよう！

どんな順番でとじるかを相談しましょう。五十音順や、テーマごとにするなどの方法があります。学校にあることばの本はどうなっているでしょうか？　いろいろな本を見てみましょう。いろいろなまとめ方がありますね。本は、クラス全員で一冊にしても、テーマごとに何冊か作ってもいいですね。

図書館にある
ことばの本を
参考にすると
いいね

テーマの例

■元気が出る
- けがの功名
- わらう門には福来る
- しっぱいは成功のもと

■なるほどと役に立つ
- 転ばぬ先のつえ
- ちりもつもれば山となる
- 立つ鳥あとをにごさず

■気をつけようと思う
- あぶはち取らず
- 勝ってかぶとの緒をしめよ
- かべに耳あり障子に目あり

■困ったときに言いたい
- 楽あれば苦あり
- さるも木から落ちる
- 泣きっ面にはち

■動物が出てくる
- 犬も歩けば棒に当たる
- さるも木から落ちる
- ねこに小判

■数が出てくる
- 石の上にも三年
- 百聞は一見にしかず
- ももくり三年かき八年

4

どんな題名にする？ 表紙を作ろう！

厚い紙を表紙にします。表紙には本の題名をかきましょう。本の題名は、3で決めたテーマにあったものを考えます。

題名の例

- 元気が出ることわざブック
- 動物のことわざじてん
- なるほどと役に立つことわざの本
- 困ったときに言いたいことわざ集

表紙にはカードをかいた人の名前を入れるといいね

表紙に絵をかくとおもしろそうに見えるね

右はしは、とじるために穴をあけるので、少しあけておくといいよ。

5 カードをまとめて本にしよう

表紙とカードをきれいに重ねて、本の形にします。いちばん下にも、表紙と同じ厚い紙をつけてうら表紙にするとしっかりします。まとめる方法は、穴をあけてひもでとじるのがよいでしょう。

① 穴をあける

カードの右はしに穴をあけて、表紙とうら表紙ではさみます。

穴の位置がずれないようにしよう！

② ひもでとじる

穴にひもを通してしっかり結びます。

背表紙をつけてもいいよ

紙をはって、背表紙をつけるとじょうぶになります。きれいな色の背表紙にするとすてきな本になります。

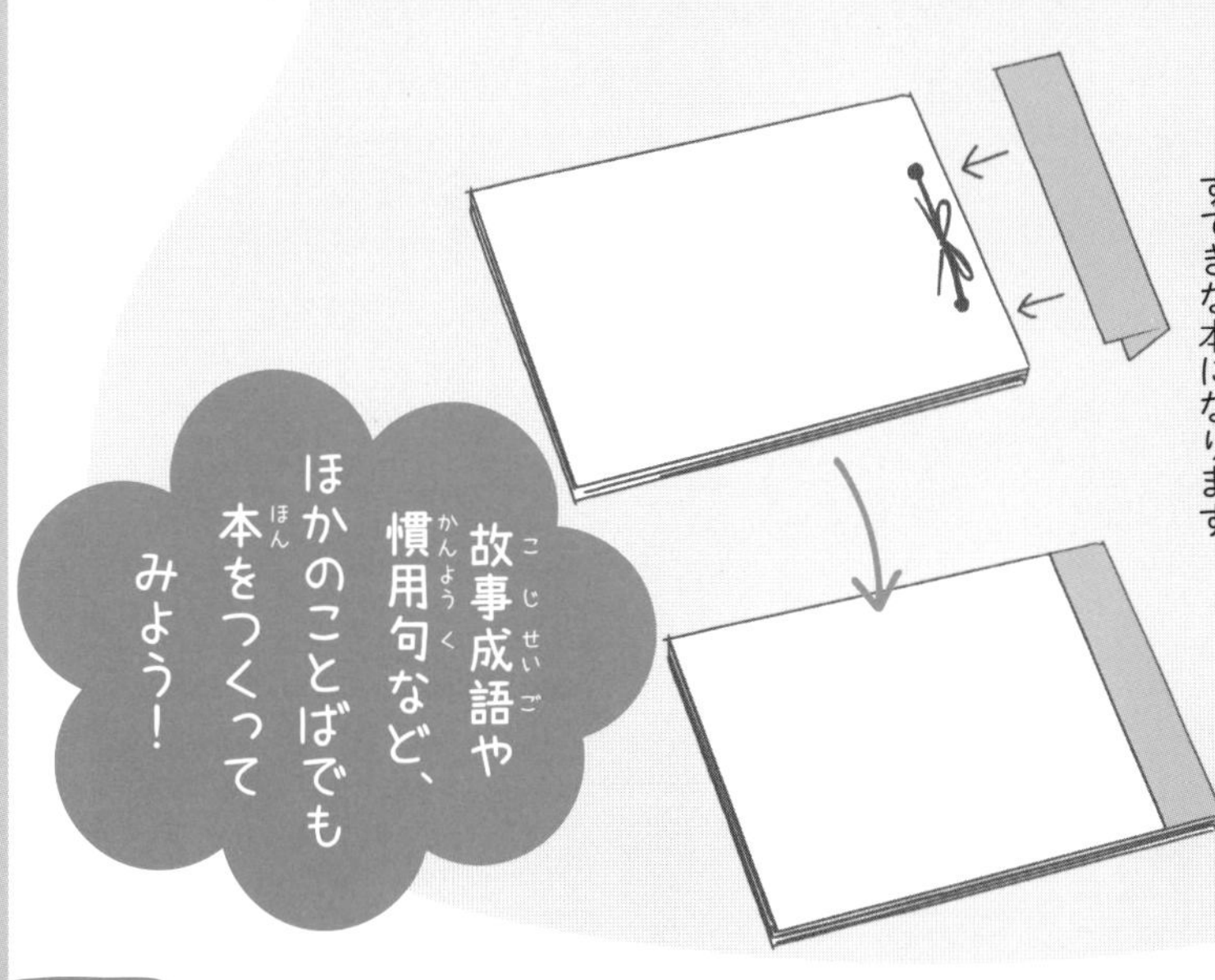

故事成語や慣用句など、ほかのことばでも本をつくってみよう！

クイズの答え

11ページ

ももくり三年かき八年 →115ページ

13ページ

たたけばほこりが出る

細かく調べれば欠点が見つかるということのたとえ。目に見えなかったほこりも、たたくことで出てくることから。

15ページ

目が回る

とてもいそがしいようす。

17ページ

A 力を貸す

手助けをするということ。

23ページ

悪銭身につかず

不正やかけごとなどで手に入れたお金は、むだづかいしがちでのこらないということ。

悪事千里を走る

悪い行いは、すぐにうわさになって広く知れわたるということ。

25ページ

B 七光

親や仕えている主人などの強い力のおかげで、いろいろなとくをすること。

27ページ

ローマは一日にしてならず

ローマ帝国が強大になったのは長い年月をかけた努力のつみ重ねがあったから。大きなことや目的は一日ではなしとげられないということ。

29ページ

適材適所

その人の性格や才能、能力に適した場所や役割をあたえること。

31ページ

四苦八苦 →4巻105ページ

思い通りにいかず、とても苦しい思いをすること。

39ページ

あとは野となれ山となれ

今がよければ、あとはどうなってもかまわないということ。

43ページ

気が長い

のんびりしていてあせらないようす。

気が短い

せっかちで何かを待つことができないようす。

45ページ

目が高い →3巻44ページ

よいものを見分ける力がある。

目が光る

きびしく見張られていること。

目がない

とてもすきであること。正しく見分ける力がないこと。

47ページ

A 筆がすべる

書かなくてもよいことまで書いてしまうこと。

49ページ

B 船をこぐ

体をゆらしていねむりをしているようす。

51ページ

明暗を分ける

勝ち負けや成功としっぱいなどが、それによってはっきり決まること。

53ページ

B 背筋が寒くなる

こわさなどでぞっとする。

57ページ

A 水と油

正反対の性質でしっくり合わないこと。

63ページ

雨のふる日は天気がわるい

当たり前であること。

65ページ

寝耳に水

とつぜん思いがけないことが起こっておどろくこと。

67ページ

B あやまちの功名

しっぱいしたことが、よいけっかになること。

69ページ

はやおきは三文の徳

早起きをするとよいことがあるということ。

71ページ

かぜは万病のもと

小さな病気は、あらゆる病気のもとになるので用心せよということ。

77ページ

楽は苦のたね、苦は楽のたね

楽をすると苦が、苦しんだあとには楽がついてくるということ。

79ページ

来年のことを言えばおにがわらう

明日のこともわからないのに、来年のことなどとてもわからない。未来はわからないということ。

85ページ

B 泣きっ面にはち →96ページ

89ページ

A やぶから棒

思いがけないこと、とつぜんなこと。

95ページ

とんびに油揚げをさらわれる

大切なものをふいに横取りされること。

97ページ

今泣いたからすがもうわらう

少し前まで泣いていたのにすぐにわらうなど、子どものきげんがかわりやすいこと。

99ページ

A 唯一無二 →4巻114ページ

他にかわりがなく、ただひとつしかないもの。

101ページ

時は金なり

時間はお金のようにきちょうなもので、むだづかいするなということ。

107ページ

まないたのこい

されるがままになるしかない状態のこと。

111ページ

B きず口に塩

悪い状態のときに、さらに悪いことが起きること。

34・35ページ

ことわざ線つなぎ

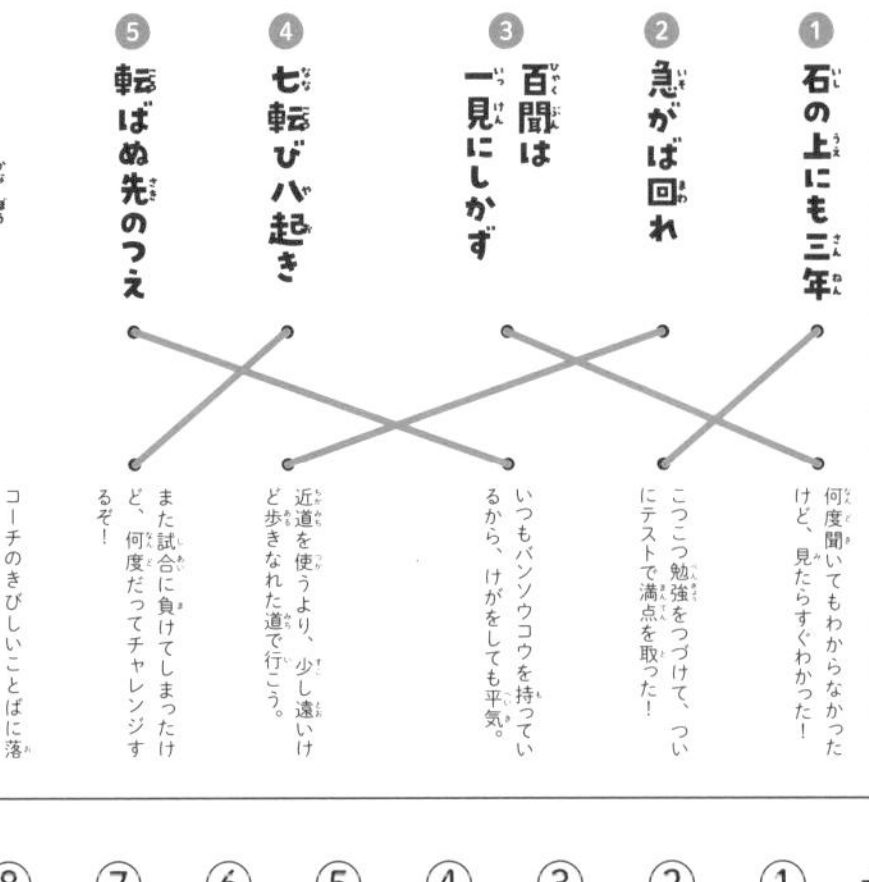

1 石の上にも三年
2 急がば回れ
3 百聞は一見にしかず
4 七転び八起き
5 転ばぬ先のつえ
6 おにに金棒
7 良薬は口に苦し
何度聞いてもわからなかったけど、見たらすぐわかった！
こつこつ勉強をつづけて、ついにテストで満点を取った！
いつもバンソウコウを持っているから、けがをしても平気。
近道を使うより、少し遠いけど歩きなれた道で行こう。
また試合に負けてしまったけど、何度だってチャレンジするぞ！
コーチのきびしいことばに落ちこんだけど、あれからチームが強くなった。
人気トップのレストランに、世界一のシェフがやってきた！

58・59ページ

虫食いクイズにちょうせん！

①えんの下の**力**もち
②**のれん**にうでおし
③若いときの**苦労**は買ってでもせよ
④**うわさ**をすればかげが差す
⑤勝って**かぶと**の緒をしめよ
⑥船頭多くして船**山に上**る
⑦**犬**も歩けば棒に当たる
⑧**石橋**を**たたいて**わたる
⑨**どんぐり**の背くらべ

80・81ページ

正しい使い方はどっち？

■住めば都／イ
■うわさをすればかげが差す／イ
■あぶはち取らず／ア
■ねこに小判／イ

表紙うら

クロスワードパズルにちょうせん！

①（たて）あとのまつり
②（たて）さるもきからおちる
③（よこ）とこ（イ）ろかわればしなかわる
④（よこ）ぜんはいそげ
⑤（たて）いしのうえにもさんねん
⑥（たて）こ（エ）ろばぬさきのつえ
⑦（たて）おにに（ウ）かなぼう
⑧（よこ）わらうかどにはふくきたる
⑨（たて）らくあればくあり
⑩（よこ）のれんにうでおし
⑪（よこ）ちりもつもればやまとなる

ア	イ	ウ	エ	オ	カ
ね	こ	に	こ	ば	ん

さくいん

この本で、大きく取り上げていることばは太字になっています。

アイコンの意味

…食べものにまつわることば
…植物が出てくることば
…いきものが出てくることば
…体の一部がふくまれることば
…道具が出てくることば
…数が出てくることば

あ

監修　森山　卓郎 もりやま　たくろう

早稲田大学文学学術院教授、京都教育大学名誉教授。国語教科書編集委員、日本語学会理事。前日本語文法学会会長。著書に『コミュニケーションの日本語』『日本語の〈書き〉方』（ともに岩波ジュニア新書）、監修に『旺文社標準国語辞典』（旺文社）、『光村の国語　場面でわかる！ことわざ・慣用句・四字熟語の使い分け［全3巻］』（光村教育図書）など多数。

デザイン　山口秀昭（Studio Flavor）
漫画イラスト　徳永明子
執筆協力　入澤宣幸
DTP　有限会社ゼスト
校正　藏本泰夫
編集　株式会社スリーシーズン（奈田和子、松下郁美、渡邉光里）

めざせ！　ことば名人　使い方90連発！ ❶

ことわざ

発行　2022年4月　第1刷

監修　森山卓郎
発行者　千葉　均
編集　片岡陽子
発行所　株式会社ポプラ社
〒102-8519　東京都千代田区麹町4-2-6
ホームページ　www.poplar.co.jp（ポプラ社）
kodomottolab.poplar.co.jp（こどもっとラボ）

印刷・製本　図書印刷株式会社

ISBN978-4-591-17294-0
N.D.C.814　128p　23cm

P7232001

めざせ！ことば名人 使い方90連発！

全5巻

監修 森山卓郎（早稲田大学教授）

1 ことわざ まんがイラスト 徳永明子

2 故事成語 まんがイラスト WOODY

3 慣用句 まんがイラスト 野田節美

4 四字熟語 まんがイラスト オブチミホ

5 オノマトペ まんがイラスト みずうちさとみ

小学校中～高学年向き

N.D.C.814　各128ページ　菊版　2色

図書館用特別堅牢製本図書